ROI

de treinamento, capacitação & formação profissional
Retorno do Investimento

2ª EDIÇÃO
REVISADA E AMPLIADA

cas de como mensurar o resultado
anceiro das suas ações de
einamento e educação corporativa.

ROI

de treinamento, capacitação & formação profissional
Retorno do Investimento

CRISTINA GOMES PALMEIRA

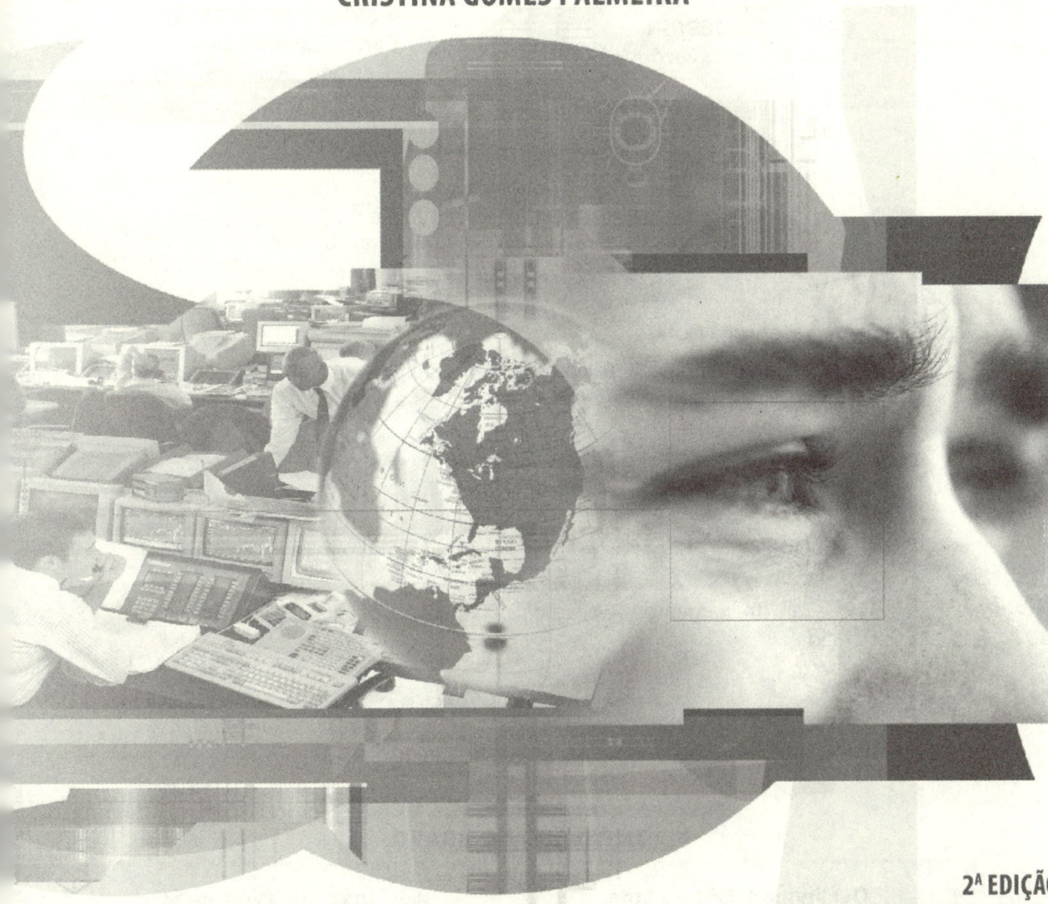

2ª EDIÇÃO
REVISADA E AMPLIADA

...cas de como mensurar o resultado
...anceiro das suas ações de
...einamento e educação corporativa.

Copyright© 2009 by Cristina Gomes Palmeira

Todos os direitos desta edição reservados à Qualitymark Editora Ltda.
É proibido a duplicação ou reprodução deste volume, ou parte do mesmo,
sob qualquer meio, sem autorização expressa da Editora.

Direção Editorial SAIDUL RAHMAN MAHOMED editor@qualitymark.com.br	**Produção Editorial** EQUIPE QUALITYMARK
Capa CRIATIVOS DESIGN João Victor Cavaco	**Editoração Eletrônica** CRIATIVOS DESIGN Carlos Eduardo Oliveira (Designer Responsável)

1ª Edição: 2004   2ª Edição: 2009

CIP–Brasil. Catalogação-na-fonte.
Sindicato Nacional dos Editores de Livros, RJ

P198r

Palmeira, Cristina Gomes
   ROI de treinamento, capacitação e formação profissional. Retorno do Investimento / Cristina Gomes Palmeira. 2ª edição – Rio de Janeiro : Qualitymark, 2008.

   140p.

   Inclui bibliografia

   ISBN: 978-85-7303-842-2

   1. Pessoal – Treinamento – Avaliação. 2. Formação profissional – Avaliação.
I. Título

08-4759

CDD: 658.3124
CDU: 658.310.845

2009
IMPRESSO NO BRASIL

Qualitymark Editora Ltda.
Rua Teixeira Júnior, 441
São Cristóvão
20921-400 – Rio de Janeiro – RJ
Tels.: (0XX21) 3295-9800 ou 3860-8422

Fax: (0XX21) 3295-9824
www.qualitymark.com.br
E-mail: quality@qualitymark.com.br
QualityPhone: 0800-0263311

Para meu pai, Paulo,
que não está mais entre nós,
e para minha mãe, Marcia,
cujo apoio foi fundamental para
mais este "filho". Foram eles que primeiro
me ensinaram que investir em
educação vale a pena.
Aos meus avós, Cesarina e Brasil,
que vibraram de orgulho com a 1ª edição,
certa de que, de onde estão, olharão pela 2ª.

AGRADECIMENTOS

Ao Benedito Milioni, mais que um escritor-referência na área, um anjo amigo que apareceu na minha vida e desde então tem me dado um apoio imensurável.

Aos meus primeiros milhares de leitores, às empresas que adquiriram para suas bibliotecas/acervos, aos coordenadores de cursos acadêmicos e aos professores que recomendaram.

À ABRH-Rio, ABTD, Agência Brasil, Qualitymark Editora, SENAC-Rio, IDEMP, Gustavo e Madalena Boog, Séculus Consultoria, IQPC, Sirdar e demais grupos/empresas/profissionais de RH que ajudaram a disseminar mais o conceito no Brasil.

Aos meus orientadores, Professores Jorge Ferreira da Silva e Maria Alice Ferruccio Rainho, por terem aceitado orientar a pesquisa que originou a 1ª edição, com boa vontade, disposição e contribuições valiosas.

Aos participantes da pesquisa, em especial ao Sérgio Paz, por compartilharem sua experiência comigo, clientes e colegas que me auxiliaram a aplicar o que aprendi.

Aos amigos e familiares, que me ajudaram de formas distintas, me dando força e apoio, compreendendo minhas ausências.

À Mária, que me permitiu realizar o sonho de trabalhar integralmente com aquilo que eu pesquisava e respirava há muitos anos, aos colegas da Universidade Petrobras, com quem tanto tenho aprendido e à Petrobras, por estimular o meu contínuo desenvolvimento e me permitir investir mais na qualidade da minha vida.

PREFÁCIO

Agosto de 2004 – lançamento de "ROI de Treinamento – Retorno do Investimento" no stand da Qualitymark Editora, durante o Congresso Mundial de RH e CONARH, no Rio de Janeiro.

Setembro de 2006 – lançamento do "Manual de Treinamento e Desenvolvimento", pela ABTD, em São Paulo, onde foram reunidos os maiores especialistas do país em diversos temas. Assinei o capítulo de Avaliação de Resultados.

Agosto de 2008 – como participante do CONARH, descubro que "ROI de Treinamento" teve seu estoque esgotado durante a Exposição.

Para mim foi uma surpresa muito grande a 1ª edição ter esgotado. Confesso que, depois de algumas negativas de publicar artigo em revistas especializadas, eu não achava que um dia chegaria ao prefácio da 2ª edição. E o que é mais legal, outras pessoas começaram a escrever e dar palestras/cursos sobre o tema ROI de treinamento no Brasil. Não estou mais sozinha!

O assunto passou a ser mais comentado no âmbito acadêmico (muitos mestrandos, pós-graduandos e graduandos me procuraram – alguns eu orientei e participei de banca). O tema ROI (retorno do investimento) passou a figurar no roteiro dos principais congressos de RH, Educação e Treinamento, em palestras ou mencionado no conteúdo de outras palestras.

Nesses cinco anos, fui chamada para os principais eventos de Recursos Humanos, Treinamento e Desenvolvimento. Sem contar palestras para empresas, só no estado do Rio de Janeiro foram sete, em São Paulo cinco e uma em Vitória. Casa cheia em Fortaleza, onde aproveitei e emendei férias (retorno do investimento na qualidade de vida!). Das regiões Sul e Centro-Oeste ainda não me chamaram e está faltando Minas Gerais para completar a Sudeste. Tomara que a 2ª edição me ajude a chegar em lugares que adoro ou ainda vou adorar conhecer!

Foi com satisfação que me reencontrei com o criador de uma das melhores e mais completas metodologias em avaliação de resultados de programas de recursos humanos, a metodologia ROI, já aqui no Brasil: Jack Phillips. E se ele gostou tanto da primeira visita, já que retornou, é porque nosso país impressionou-o com as oportunidades que ainda existem de aumentar o conhecimento sobre o tema.

Muitas indicações, mas poucas "não-indicações" também – uma apresentação minha na Internet transformou-se em algumas páginas do trabalho de conclusão de um grupo de estudantes de uma pós-graduação de uma renomada instituição paulista, que esqueceram de me citar. Fui espectadora da palestra de um professor de uma premiada instituição de ensino presente em todo o Brasil que citou o caso que publiquei na 1ª edição, sem qualquer referência à fonte (nem em corpo 6 no rodapé do slide). Ainda bem que eu só descobri duas não-indicações e o tal professor me pediu desculpas (e meus colegas presentes na palestra eram civilizados a ponto de não linchá-lo)! Ainda que alguns achem chatos citar fontes (!), é da minha formação o fazer e nas referências que constam na bibliografia há uma lista para aprofundar as pesquisas dos leitores.

Na 1ª edição, pedi aos que tivessem casos a compartilhar que me escrevessem. Só recebi um caso, do Espírito Santo, há alguns anos. A lista da Internet que divido com Benedito Milioni, autor-referência em avaliação de resultados em treinamento, pode decolar e ter mais troca sobre o tema. Mas me animou ver, em recente evento de Educação Corporativa, três empresas mostrarem indicadores de ROI em suas apresentações com fonte e até metodologia própria! Alguma coisa mudou sim!!!

Minha vida também mudou muito desde a 1ª edição. Eu já havia sido aprovada em concurso para a Petrobras, mas não esperava que fosse ser chamada quase dois anos depois. Da gerência de um projeto na América Latina, passei duas semanas vendo o tamanho gigante da companhia e imaginando a quantidade de avaliações sendo respondidas naquele auditório quando, então, fui para a sua universidade corporativa. Para minha felicidade, quando da criação de uma nova atividade, de Suporte à Educação, sem minhas competências estarem mapeadas, o boca-a-boca de que eu era mestre e autora de livros no tema fez com que eu passasse a trabalhar oito horas por dia (às vezes mais, às vezes menos porque também trabalho com outros temas, como competências) com aquilo que eu fazia apenas em outros horários (na consultoria, que também é fascinante!) e dedicava meus estudos desde 2000: avaliação de treinamento.

Epa! Treinamento apenas, não! Avaliação nas diversas fases do processo educativo. De imediato aprendi que, para as pedagogas com quem eu passei a trabalhar, treinamento era algo mecânico, no sentido de adestramento. Tive que explicar que minha formação é em Administração, que meu conceito de treinamento era algo mais amplo, conforme explico na 1ª página da introdução deste livro.

Só isso já era um motivo mais do que suficiente para revisá-lo, já que tudo que é discutido no livro, a metodologia e os *cases* novos que inseri, foram e são aplicados também em programas de formação profissional e capacitação. A mensuração do retorno do investimento pode ser feita em: um órgão de educação corporativa, um setor de treinamento e desenvolvimento, uma instituição de ensino ou nas demais áreas que utilizem programas de capacitação na organização. Pode ser aplicada também em um setor da economia e nas diversas instâncias governamentais (como órgãos investindo em educação básica para que vagas de emprego não preenchidas possam ser, estimulando a economia).

Dessa maneira, após alguns meses sem o livro no mercado, ninguém ficará órfão. Na oportunidade da 2ª edição, entendendo que é um prazer disseminar o que continuo aprendendo sobre o tema, revisei seu conteúdo e ampliei-o, e espero que os antigos e novos leitores apreciem as novidades.

Quem não leu a 1ª edição não sentirá perda do conteúdo básico para compreensão e quem torna a me brindar com sua leitura não se arrependerá, pois a troca entre nós será muito maior, já que adicionei mais do meu aprendizado e de minhas experiências práticas.

Quem sabe agora sai um livro de casos práticos de outros autores e/ou leitores no Brasil? Meu *e-mail* continua o mesmo:

        cristinapalmeira@yahoo.com

SUMÁRIO

1 – Introdução, 1

2 – Conceitos Principais, 7

3 – Sistemas de Mensuração do Retorno do Investimento em Treinamento, 13

4 – Modelo de Avaliação de Programas de Treinamento, Capacitação e Formação Profissional, 31

5 – O Cálculo do ROI de Treinamento no Brasil, 45

6 – Sistemas de Mensuração do Retorno do Investimento em Treinamento nas Organizações Brasileiras, 51

7 – Casos de Mensuração de ROI de Treinamento, Capacitação e Formação Profissional, 79

8 – Implementação, 103

Anexo, 111

Bibliografia, 115

Capítulo 1

Introdução

No ambiente de Recursos Humanos, é possível conceituar que Treinamento e Desenvolvimento se traduzem em uma das ferramentas de transformação do comportamento humano, que podem levar a resultados tangíveis de negócio, de maneira a assegurar e a sustentar a vantagem competitiva da organização.

Treinamento é o processo educacional, aplicado de maneira sistemática e organizada, através do qual as pessoas aprendem conhecimentos, atitudes e habilidades em função de objetivos definidos. O desenvolvimento profissional, por sua vez, é a educação que visa ampliar, desenvolver e aperfeiçoar a pessoa para seu crescimento profissional em determinada carreira na organização ou para que se torne mais eficiente e produtiva no seu cargo. Seus objetivos perseguem prazos mais longos.

No âmbito da educação corporativa nas organizações, provar o quanto os investimentos feitos em programas de capacitação estão relacionados às estratégias de negócio é cada vez mais imperativo.

Na hora de estruturar um programa, gerencia-se uma série de variáveis. Partindo da identificação da necessidade do treinamento, ou do hiato de competência observada na formação profissional, é preciso, em seu planejamento, determinar:

- o objetivo (a ser alcançado pelo treinamento ou solução educacional);
- a finalidade (se este evento trará contribuição à estratégia do negócio indicando qual delas será atendida);
- o conteúdo (conceitos que serão transmitidos);
- o instrutor ou instrutores (ou professor ou professores, o responsável ou os responsáveis por transmitir estes conceitos);

- os participantes, alunos ou treinandos (aqueles que entrarão em contato com novos conceitos ou reforçarão algo que já conheciam, aprimorando-se);
- o local (o ambiente físico que melhor se adapta a este tipo de capacitação, dentro ou fora da organização, virtual ou uma combinação dos dois);
- a duração do treinamento (tempo necessário para transmitir estes conceitos);
- o período (em que o evento será ministrado, as datas, sua disponibilidade no ano, para que as pessoas possam se programar);
- o material de trabalho (materiais e equipamentos necessários).

Além de pensar nessas variáveis, durante o planejamento é que se deve pensar como será feita a avaliação, considerando que muitos treinamentos terão avaliação da satisfação, e da aprendizagem dos participantes, mas outros necessitarão chegar ao nível de impacto, com resultados tangíveis e indicadores mensuráveis.

Planejar a avaliação é o primeiro passo para comunicar aos participantes, logo no início do programa, que eles serão avaliados e terão também a oportunidade de avaliar e contribuir para melhorias do processo ensino-aprendizagem. A busca do comprometimento deles é fundamental para obter resultados verdadeiros decorrentes do processo avaliativo, que vão retroalimentar a fase de planejamento de um evento futuro.

O custo total de um programa de treinamento é composto de custos diversos. São os custos dos honorários do instrutor/professor, aluguel de sala ou custos associados à infra-estrutura própria, custos de materiais distribuídos aos participantes ou utilizados em exercícios práticos, custo de tecnologia (linha de telefone, tempo de uso do satélite, Internet), salários dos envolvidos com o treinamento (desde a recepcionista ao pessoal de apoio ao evento), alimentação e outras despesas (hospedagem, se for o caso, por exemplo). O somatório dos custos de todos os programas é o custo total do investimento em Treinamento e Desenvolvimento.

Ao calcular o retorno de programas de capacitação, saber quais são os custos empregados é item que impede que o processo de mensuração do retorno financeiro continue. Se na sua empresa os gastos individuais para o programa não são calculados, ou nem para a área (onde ainda poderia se fazer uma estimativa por programa), procure o setor que gerencia os custos para investigar os dados. Se os dados não estão disponíveis para este tipo de comprovação de resultados, é preciso buscar outra alternativa, como uma estimativa de custo aprovada por uma instância superior.

Face às pressões organizacionais na busca constante pela redução de custos, aumento da lucratividade e conseqüente necessidade de se alinhar os programas de treinamento às estratégias do negócio, percebe-se o crescimento do interesse dos profissionais de Recursos Humanos (RH) em justificar os gastos em treinamento e educação.

Departamentos de treinamento aumentam a cada ano o número de turmas e programas que fornecem, mas por não saberem qual o seu impacto na organização são questionados pelo dinheiro que utilizam e seus profissionais permanecem frustrados por não obter o comprometimento da gerência que desejariam.[1] Métodos de mensuração e avaliação do retorno do investimento em treinamento têm tido maior ênfase nas organizações, devido aos gastos crescentes da área e a necessidade de se provar seu valor.[2]

Mesmo aqueles que não trabalham na área, ao aprovarem uma verba para Treinamento e Desenvolvimento, um programa de treinamento ou uma pós-graduação para um subordinado, questionam se o valor gasto resultará em algum benefício para a organização.

As evidências mostram que os departamentos de Recursos Humanos encontram certas barreiras para mostrar às suas organizações o quanto se pode obter de retorno sobre o investimento que elas fazem na área de Treinamento e Desenvolvimento. Mesmo com os *softwares* e ferramentas de mensuração disponíveis no mercado, encontra-se dificuldade em medir a eficácia dos programas de T&D.

O retorno do investimento em treinamento pode ser uma medida que auxilia a verificar a eficácia destes programas. Além da aplicação no âmbito de treinamento, o retorno do investimento – conceito propagado no meio financeiro – pode ser estendido para programas de Educação.

Em uma instituição bancária, investe-se um capital X e obtém-se, a partir de uma taxa de juros Y, um retorno Z sobre ele. Se o montante obtido é superior ao investido, há satisfação em relação ao investimento. A mensuração é uma questão numérica, clara e objetiva. No caso de um treinamento, a mensuração não parece ser tão facilmente convertida em números.

Este livro vem atender a um desejo frustrado onde não podia ser provado para as empresas que utilizam treinamentos que estes valem a pena. A questão central da pesquisa que comecei em 2000* foi: como as empresas brasileiras estão medindo o retorno sobre o investimento em treinamento?

"Quais são os métodos utilizados por estas empresas para medir o retorno do investimento em treinamento? Como posso fazer para começar a transformar a minha frustração ou necessidade em resultado? Por onde eu começo?", pode estar se perguntando o leitor, como muitos já se perguntaram.

A bibliografia sobre o ROI (*return on investment*) de treinamento é predominantemente originária dos Estados Unidos. Poucas obras e poucos casos práticos foram traduzidos para o português, mas já se percebem mais pesquisas acadêmicas e alguns poucos textos sobre o tema no Brasil. A quase inexistência ou falta de compartilhamento dos casos no Brasil dificulta o aprendizado teórico e prático no país.

Se o leitor busca uma metodologia mágica, pronta para inserir em um computador, não é neste ou em algum outro livro que irá encontrar. Nem com os autores que mais escreveram sobre o tema, sejam eles americanos como Jack Phillips e Donald Kirkpatrick, ou brasileiros, como Benedito Milioni (se não estes não cobrariam seus milhares de doláres ou reais em consultoria e programas de treinamento!).

Mas se deseja obter mais conhecimento e começar a dar seus primeiros passos em mensuração de resultados em T&D, capacitação e formação profissional, adaptando as metodologias aqui apresentadas à sua realidade, então este livro é para você. Se o leitor tem dificuldade em ler os originais constantes na bibliografia, seja em função da pouca ou nenhuma compreensão da língua inglesa ou por falta de tempo (ou preguiça mesmo, assuma!), aqui encontrará um resumo das principais técnicas disponíveis na literatura nacional e internacional sobre retorno do investimento em treinamento, com casos aplicativos reais, onde são preservados nomes de pessoas e empresas por confidencialidade apenas.

Se tem curiosidade em conhecer o que empresas fornecedoras, clientes ou concorrentes da sua organização, ou empresas benchmarking em RH fazem, aqui encontrará fortes indicativos de que a questão é vista como muito importante mas pouca gente faz, ou melhor, consegue fazer. Comparam-se os resultados de uma pesquisa feita com empresas situadas no Brasil entre 2001 e 2003, sondando as condições em que as empresas brasileiras avaliavam seus programas com uma pesquisa de maior abrangência realizada pela Associação Brasileira de Treinamento e Desenvolvimento (ABTD) no ano de 2007.

Que esta 2ª edição possa contribuir para aumentar o conhecimento do meio acadêmico e empresarial em relação ao tema. E contribuir para que após sua leitura, você possa se olhar no espelho e dizer: "Eu posso começar, a partir da minha realidade, hoje, a mensurar o ROI de um programa". Ou: "Eu farei melhor ainda".

Notas do Capítulo 1
(para referências completas, vide bibliografia no final)

* Em tempo: mencionei que desde 2000 pesquiso e trabalho com o tema que novamente venho compartilhar com você, leitor. Meu interesse está em contribuir para uma utilização mais eficiente e eficaz dos nossos recursos humanos e financeiros, provando que a eficácia de uma solução educacional não passa só pela satisfação dos participantes assim como não termina sempre em retorno financeiro. Não tenho a pretensão de comparar minha experiência aos 30 anos de Phillips ou Milioni, mas sim de mostrar minha contribuição à área, independent de idade, raça ou credo. Lançando em você a semente motivadora para começar, já!

1 Robinson, D. e Robinson, J., 1989.

2 Phillips, P., 2002.

Capítulo 2

Conceitos Principais

Com o objetivo de reduzir as notas de rodapé e facilitar a leitura, este capítulo fundamenta os conceitos apresentados no livro, dando base ao entendimento do leitor. Caso tenha alguma dúvida, faça referência a esta seção.

Benchmarking: conhecer e entender, pela experiência de outros, que compartilham seu aprendizado, as melhores práticas para obter sucesso igual ou superior no desenvolvimento de um programa ou de uma ação.

Coaching: do inglês "técnico", vem do conceito de treinador, aquele que treina alguém para um determinado resultado. O *coach* é aquele que orienta e leva seu orientando às metas almejadas por este ou rumo ao nível de desempenho requerido pela organização.

Conhecimento: mistura fluida de experiência condensada, valores, informação contextual e *insight* experimentado, que proporciona uma estrutura para avaliação e incorporação de novas experiências e informações, tendo sua origem e aplicação na mente dos indivíduos e sendo encontrado nas organizações embutido em documentos, rotinas, processos, práticas e normas organizacionais.[1]

Conhecimento tácito: conhecimento pessoal, difícil de ser capturado, não expresso facilmente na linguagem formal.[2] É o conhecimento oriundo da experiência, simultâneo, baseado na prática.[3]

Cultura: valores e crenças compartilhadas pelos membros de um grupo que regem e guiam inconscientemente o comportamento das pessoas que o compõe.

Cultura organizacional: "... um padrão de suposições básicas – inventadas, descobertas ou desenvolvidas [pelos membros de uma empresa] para lidar com problemas de adaptação externa e integração interna – que funcionaram com eficácia suficiente para serem consideradas válidas e, em seguida, ensinadas aos novos membros como a maneira correta de perceber, pensar e sentir esses problemas."[4]

Dados quantitativos: observações expressas em números e que podem ser convertidas em outros números (como média e outros indicadores estatísticos).

Dados qualitativos: dados não-numéricos que complementam os dados numéricos, em uma avaliação. São observações expressas alfabeticamente em questões abertas ou de múltipla escolha (como escalas de concordância etc.), cujos resultados são interpretados qualitativa ou percentualmente. Por exemplo: 80% dos participantes concordam que estão satisfeitos com o programa.

Desempenho (individual): evidência de alcance de objetivos em um prazo determinado; resultado demonstrado ou meta alcançada a partir da aquisição/evolução de um conhecimento ou habilidade.

Educação a distância (EAD): definida no ambiente de T&D ou de Educação Corporativa como o método pelo qual conteúdos são ministrados na forma não-presencial, à distância, *on-line*, via computador, Internet e/ou outros meios de aprendizagem.

Educação corporativa: conceito utilizado com mais intensidade desde 2000, surge como uma evolução de treinamento, englobando todas as ações de educação, treinamento e desenvolvimento dentro de uma organização, oferecendo programas relacionados às estratégias organizacionais. O órgão responsável por ela na organização pode ser chamado de Universidade Corporativa, Setor de Treinamento e Desenvolvimento, Escola, Centro de Excelência, Centro de Talentos, entre outros nomes, que utilizam muitas vezes parte do nome da empresa em que está inserida ou referência ao negócio da mesma. Por exemplo: Universidade do *"Setor da Indústria"*, Escola *"Nome da empresa"* de Talentos.

Estratégia: conjunto de ações que uma companhia toma para atingir um ou mais de seus objetivos, alcançando um nível superior de performance.[5]

Gerência de Recursos Humanos: setor responsável por desenhar e orientar as estratégias de atração, aplicação, retenção, desenvolvimento e monitoração de pessoas, em atendimento às metas e aos objetivos da organização, visando a maximização do potencial dos talentos de cada funcionário e conseqüentemente dos resultados do negócio.

Gestão do conhecimento: a organização de processos em que novo conhecimento é desenvolvido; o conhecimento é distribuído para aqueles que dele necessitam; o conhecimento é disponibilizado para uso futuro e uso de toda a organização; áreas de conhecimento são combinadas. [6]

Intervalo de confiança: "fórmula que utiliza dados de uma amostra para calcular o parâmetro da população"[7].

Organização: um sistema (conjunto de partes interdependentes que processa insumos em saídas), projetado, administrado e operado para atingir determinado conjunto de objetivos, a partir dos recursos disponíveis.

Organização de aprendizagem (*learning organization*): definida por Peter Senge (1990) como a organização onde as pessoas continuamente expandem sua capacidade de criar os resultados que verdadeiramente desejam; onde novos e expandidos modelos de pensamento são gerados; onde a aspiração coletiva é liberada e onde as pessoas estão continuamente aprendendo a aprender juntas.

Políticas e práticas de Recursos Humanos: regras formais e seus resultados que estabelecem como as pessoas são geridas e trabalham na organização, onde está inserido o conceito de Treinamento e Desenvolvimento, assim como Recrutamento e Seleção, Avaliação de Desempenho, Relacionamento com Sindicatos, Programas de Retenção etc.

Qualidade: "Excelência de um produto, incluindo elementos como atratividade, ausência de defeitos, confiabilidade e segurança a longo prazo"[8].

ROI – *return on investment*: relação entre lucro gerado e montante do investimento realizado.

ROI em T&D (em %): quociente da divisão dos benefícios líquidos auferidos do programa pelos custos totais do programa, multiplicado por cem. [9]

Teste de hipótese: teste de informação de uma amostra para fazer inferência sobre o valor que um parâmetro de população pode ter. [10]

Turnover: rotatividade de pessoal.

Vantagem competitiva: característica particular de uma empresa que a destaca das demais, garantindo uma posição privilegiada perante suas concorrentes e a sua sobrevivência.

Notas do Capítulo 2

1 Davenport e Prusak, 1998.
2 Polanyi, 1966.
3 Nonaka e Takeuchi, 1997.
4 Schein, 1985, p. 9.
5 Hill e Jones, 2001.
6 Spek & Spijkervet, 1997.
7 Sincich, 1995, p. 290.
8 Bateman e Snell, 1998, p. 536.
9 Phillips, J., 2003.
10 Sincich, 1995.

Capítulo 3

Sistemas de Mensuração do Retorno do Investimento em Treinamento

Existem, hoje, na literatura diversos métodos para medir o retorno do investimento em treinamento.

Desde 2000, as edições do Congresso da *American Society for Training and Development* abordam o tema retorno do investimento em treinamento, nos formatos tradicionais ou através de educação a distância. Face a tantos temas interessantes, como Universidade Corporativa, *Learning Organization*, Educação *On Line*, *Coaching*, Gestão de Talentos, Gestão do Conhecimento, o eixo "avaliação e mensuração" continua a despertar a atenção dos participantes do congresso (o maior em número de participantes de diversas partes do mundo), que são uma pequena amostra daqueles que hoje são responsáveis pela gestão de educação e treinamento nas organizações.

Vários autores já apresentaram seus sistemas para avaliar e medir o retorno do investimento em treinamento, desde aquele que originou a escala de avaliação de treinamento, Donald Kirkpatrick, em artigo datado de 1975, àquele que apresenta a metodologia mais elaborada, Jack Phillips, trazendo a ajuda de seus discípulos e sua esposa, Patricia Phillips. Outros autores (Hamblin, Dana e James Robinson, Parry e Brinkerhoff) apresentaram seus métodos, porém sem a famosa conversão em termos financeiros, que é a linguagem que a alta gerência entende na hora de aprovar orçamentos de treinamento e que foi o grande "pulo do gato" do método de Phillips em relação aos outros.

Neste capítulo são apresentadas as metodologias consagradas por diversos autores. Há outras indicadas na Bibliografia e outras existentes no mercado, inclusive desenvolvidas pelas próprias empresas, mas vale destacar que, embora algumas tenham boa fundamentação teórica, outras precisam estar mais bem embasadas.

Recomenda-se que, após a leitura deste e do capítulo seguinte, onde se apresenta outra metodologia, o leitor procure aquela que mais se adapta à realidade da sua organização ou método do trabalho. Alguns dos exemplos mostrados neste livro irão inspirá-lo a fazer o mesmo em sua empresa (incluindo ou aprimorando um diferencial em sua carreira).

A ESCALA DE AVALIAÇÃO DE TREINAMENTO DE DONALD KIRKPATRICK

É necessário fazer referência aqui à metodologia clássica de Donald Kirkpatrick, publicada em 1975 no *Training and Development Journal*, que contempla quatro níveis de avaliação (Tabela 3.1), artigo que deu origem às publicações posteriores sobre mensuração de ROI de treinamento e outras teorias de avaliação.

Tabela 3.1– Escala dos Níveis de Avaliação de Kirkpatrick (1975)

Nível 1	Reação ou Satisfação	Avalia se os participantes gostaram do treinamento.
Nível 2	Aprendizagem	Observa o conhecimento adquirido pelos participantes ao final do treinamento, ou seja, o que eles sabem a mais em relação ao que já sabiam ou conhecimento novo.
Nível 3	Mudança de Comportamento	Avalia o que há de diferente no comportamento dos participantes após o treinamento.
Nível 4	Resultados	Avalia o impacto gerado na organização a partir da realização do treinamento.

Fonte: Adaptação da autora.

Quando Kirkpatrick publicou este artigo, disse ter como objetivo estimular os gestores de treinamento a avaliarem seus programas de treinamento. Destaquei na 1ª edição, 29 anos depois, que era necessário estimular mais o interesse dos gestores de recursos humanos e treinamento em relação à questão da medição do valor adicionado de um treinamento.

Se em 2002 me surpreendi, quase três décadas depois da publicação da escala de Kirkpatrick, ao ver apenas três pessoas levantarem o dedo em uma platéia de 100, quando Jack Phillips perguntou quem media ROI de treinamento, em uma das suas sessões do Congresso da ASTD, entendo que as empresas brasileiras responderam positivamente ao meu apelo e à cobrança de seus gestores, bem como às suas cobranças pessoais: 5,2% das empresas fazem algum tipo de medição de retorno do investimento em treinamento e desenvolvimento, segundo pesquisa de 2007 da Associação Brasileira de Treinamento e Desenvolvimento (ABTD).

Nível 1 – Reação ou Satisfação

O nível 1 é conceituado como o de reação ou satisfação, conhecido e realizado pela maioria das empresas que hoje ministram programas de treinamento.

A continuidade do programa de treinamento dependerá da resposta positiva por parte dos treinandos, ou seja, se ele foi satisfatório. Se algum dos itens de avaliação do treinamento (conteúdo, instrutor, material de apoio, carga horária etc.) não estiver a contento, muda-se, objetivando a melhoria do programa.

Kirkpatrick destaca que ao avaliar a reação, o gestor de treinamento deve definir, primeiramente, o que deseja descobrir e, em seguida, desenhar o formulário com base nos itens que deseja descobrir. Este formulário deve ser desenhado de maneira que seu resultado possa ser tabulado e quantificado, obtendo reações honestas, onde, para tal objetivo, preferencialmente mantém-se no anonimato a pessoa que manifesta sua opinião. Deve-se também encorajar que comentários adicionais sejam escritos de modo a captar o que as perguntas preparadas para tabulação e quantificação não buscaram. Também é desejável que o gestor de treinamento ou um observador treinado faça sua própria avaliação da sessão, para complementar a avaliação de reação dos treinandos.[1] Este formulário é conhecido como avaliação de reação ou satisfação, ou ainda pesquisa de opinião dos participantes.

O autor também recomenda que a mensuração da reação seja feita tanto para programas internos quanto externos, como, por exemplo, enviar um gerente para um curso em uma universidade. Porém, como repetido muitas vezes pelo autor, este passo é apenas o início do processo de avaliação do treinamento, já que o fato de os treinandos terem gostado de um curso não garante que o aprendizado tenha ocorrido, ou que o comportamento dos participantes tenha mudado devido ao treinamento e, mais ainda, que haja alguma indicação de resultado proveniente da realização do programa.

Nível 2 – Aprendizagem

As excelentes habilidades orais de um palestrante e o aparato tecnológico utilizado podem jogar palavras ao vento, e ainda no dito popular, "fazer com que uma palavra entre por um ouvido do treinando e saia por outro". Talvez o leitor já tenha presenciado um palestrante que proferia suas palavras com muita categoria e empatia, em uma apresentação irretocável, porém com conteúdo pouco válido, ou como comumente se diz, "muita espuma e pouco chope".

Por outro lado, o participante pode ter gostado do treinamento mas não ter conseguido aprender nada. O nível 2 avalia se princípios, fatos e técnicas foram entendidos e absorvidos pelos participantes, não considerando o comportamento no trabalho, que será avaliado no próximo nível.

Ao avaliar a aprendizagem é importante mensurar a evolução do conhecimento adquirido, ou seja, o que se sabe hoje que não era sabido antes do treinamento. O aprendizado de cada participante deve ser medido de modo a quantificar resultados e, para tal, pode ser utilizada uma abordagem de medição anterior e posterior ao treinamento, que permite avaliar o ganho de aprendizado decorrente do programa, de modo objetivo preferencialmente, quando for possível.[2]

Esta medição do aprendizado pode ser feita com um teste anterior e posterior, algo que com o computador se torna muito mais fácil de ser feito (principalmente para programas de educação a distância). Outro método apresentado na literatura, usado comumente em Estatística, o grupo de controle, compara um grupo de pessoas que não participou do treinamento com o grupo que passou por esta experiência, método este que possui a grande vantagem de comprovar em números a correlação entre os dois grupos, provando o valor do treinamento pelas possíveis diferenças de notas entre eles. Este método, porém, é pouco conhecido por parte dos profissionais de recursos humanos.

O aprendizado também pode ser avaliado por simulações, como uma apresentação teatral no final de um treinamento de vendas, mostrando os pontos aprendidos durante o treinamento. Outro exemplo seria a simulação de entrevista de emprego, após um curso de seleção por competências, na qual o instrutor pudesse avaliar a performance do grupo de participantes e identificar os pontos que ainda precisam ser melhorados e reforçados.

Outros exemplos são: exames orais, testes objetivos (aos quais a população brasileira tem resistência), análise de habilidades e tarefas pós-treinamento.[3] Principalmente em aulas seqüenciais de um MBA ou um treinamento feito em dois módulos, é possível, através da realização desta tarefa, mensurar o quanto foi retido em termos de conhecimento por parte dos alunos ou treinandos.

Nível 3 – Mudança de Comportamento

Quanto do comportamento do participante mudou após o treinamento é a pergunta a ser respondida no nível mudança de comportamento, também conhecido como comportamento *on the job* ou, ainda, implementação e aplicação. Kirkpatrick conta um caso interessante de um participante muito bom que encontrou em um treinamento de Relações Humanas. Coincidentemente, o tal aluno era chefe de um familiar seu e, apesar de ter demonstrado ser um aluno brilhante, mostrava ser também um chefe que não praticava o que julgava ter aprendido, portando-se como um tirano, com pouca consideração pelos sentimentos e idéias de seus subordinados.[4]

O exemplo deste aluno prova que entre aprender e aplicar o que foi aprendido existe uma grande diferença, já que, antes de qualquer coisa, a pessoa precisa estar disposta a mudar. Para uma mudança ocorrer, Kirkpatrick afirma que além da pessoa desejar, ela deve saber o que mudar e como fazer, devendo também ser recompensada pela mudança, além de trabalhar no ambiente certo, porque não haverá transferência do que foi aprendido para o comportamento no trabalho se o clima não for propício.

Enviar um participante desmotivado com o trabalho para um curso no exterior pode resultar em um investimento sem retorno, já que além da mente não estar preparada para receber novos conceitos, ele pode entrar em contato com teorias que funcionam, mas não encontram oportunidade de realização no seu ambiente de trabalho, causando um resultado não desejado.

Kirkpatrick destaca que, como no nível de aprendizado, deve ser observada a performance anterior e posterior ao treinamento, inclusive de modo estatístico e recomenda que os participantes sejam avaliados por seus supervisores, subordinados, pares ou outras pessoas que acompanham sua performance – quanto mais observadores, melhor.

Parte do conhecimento adquirido se perde um tempo após um treinamento ou aula (a conhecida curva de aprendizado), seja porque esquecemos, seja porque perdemos a prática ou a motivação para realização de uma determinada tarefa. Por este motivo e também para permitir que os participantes tenham tempo de praticar o que aprenderam, recomenda-se que as avaliações sejam feitas esporadicamente nos meses subseqüentes.

A avaliação do comportamento não é assunto recente. Duas referências a este nível foram encontradas no clássico artigo de Kirkpatrick, original de 1975, uma datada de 1953 e outra, um pouco depois, em maio de 1958, ambos no *Journal of the ASTD*, quando Olav Sorensen publicou sua pesquisa sobre avaliação de treinamento no comportamento no trabalho, realizado no curso de gerenciamento avançado da General Electric Company, em Crotonville, New York. Na ocasião, foi feita uma experiência de grupo de controle comparado a um grupo experimental, onde foram observadas mudanças do ponto de vista do treinando (uma auto-avaliação), por avaliação de seus subordinados, pares (colegas de função) e superiores.

Se esta experiência foi feita na década de 50, pode ser feita também em sua empresa, principalmente se nela existe um sistema formal de avaliação de desempenho.

Nível 4 – Resultados

O último nível na escala de avaliação de Kirkpatrick contempla os resultados obtidos com o programa de treinamento em que se investiu tempo e recursos, que podem ser percebidos, como ensina o autor, quando após o treinamento ocorrem redução de custos, aumento de vendas, redução do *turnover*, diminuição de reclamações, melhoria da qualidade e quantidade da produção, lucros mais altos e retorno do investimento, melhoria do moral do pessoal.

Se este último resultado também é citado como possível em um programa de treinamento e se pessoas motivadas podem produzir mais e melhor, e possivelmente faltam menos, têm menos atrasos e diminuem seu tempo ocioso, percebe-se como é possível quantificar algo que, a princípio, é intangível.

Entretanto, a primeira questão que pode ser colocada por um gerente de produção, por exemplo, é que os resultados alcançados pelo *workshop* motivacional implementado na fábrica não são motivados exclusivamente por ele, que novas tecnologias podem ter melhorado a produtividade. O gerente de *marketing*, por sua vez, pode dizer que um aumento de vendas não foi fruto de um treinamento apenas, mas de uma estratégia de preço mais agressiva também.

Kirkpatrick considera este problema muito difícil de ser resolvido, mas cita um exemplo em que um resultado positivo foi creditado exclusivamente a um programa de treinamento em segurança, publicado em 1958 (outro exemplo da década de 50!), feito por Phillip E. Beekman, administrador de uma fábrica da Colgate-Palmolive, no número 3 de *Supervisory Management Newsletter* da *The American Management Association*. Comparando o número de acidentes nove meses antes e no mesmo período depois do treinamento, nota-se que a taxa de freqüência de acidentes caiu de 4,5% para 2,9% e o número de acidentes de 41 para 32. Como nenhuma melhoria nas condições físicas ou humanas de trabalho foi implementada, este resultado indica fortemente que o treinamento foi o único responsável por estes resultados.[5]

A comparação antes/depois é uma prática mais fácil, na visão do autor, quando existem registros de resultados para determinar a situação anterior ao programa. Números sobre vendas, segurança, qualidade, produção, absenteísmo, *turnover* e quantidade de reclamações podem estar disponíveis. Para melhorias no moral ou em atitudes, resultados anteriores ao treinamento podem ser obtidos por pesquisas e questionários de avaliação de desempenho.

É raro encontrar hoje em dia, empresas que não tenham estes números disponíveis para a área de recursos humanos que pode treinar seu olho para identificar, nas melhorias do negócio, o resultado de suas ações de treinamento, justificando para a Diretoria por que está pedindo aumento no orçamento de investimento em T&D.

Outro instrumento para medir resultados (ao nível 4) das ações de treinamento é aquele já utilizado nos níveis anteriores, o grupo de controle, que permite observar as melhorias quantificadas após o treinamento (como diminuição de atrasos ou produtos rejeitados em uma linha de produção). Mantidas as demais condições do ambiente, com o uso de grupo de controles, é possível eliminar da observação outros fatores, além do treinamento, que influenciaram nas mudanças.

A partir de um treinamento de vendas de uma mesma linha de produtos aplicado em diferentes partes do país a apenas uma parte da equipe, por exemplo, o RH pode observar os resultados de vendas, comparando os resultados de quem teve o treinamento com os de quem não teve.

Entrevistas em profundidade e questionários podem ser também utilizados para se investigar as melhorias obtidas após um treinamento gerencial, por exemplo. O exame em profundidade pode ser aplicado para medir o retorno do investimento em programas de desenvolvimento, como uma pós-graduação.

Calcule o investimento a ser feito em um MBA no exterior, por exemplo. Ao final do curso, o leitor recebe uma proposta de emprego três vezes superior ao seu salário da época anterior à viagem, quando do desligamento da empresa em que trabalhava. Somados os custos do MBA, de manutenção no exterior (e a diminuição da poupança da família), tem-se um valor que permite calcular em quantos meses o investimento feito será recuperado, naquilo que podemos chamar de cálculo de retorno do investimento antecipado.

Além do retorno financeiro em um salário mais alto, tem-se adicionada ao currículo uma experiência internacional, o que eleva o valor de mercado do executivo também. É um benefício intangível. Mesmo que este MBA seja feito no Brasil, o leitor que concluiu o curso há 2 anos, por exemplo, pode avaliar quanto de acréscimo teve em seu salário, sabendo também que com o título de MBA terá uma vantagem competitiva em relação a um candidato que não o possui (que não terá acesso às posições do mercado de trabalho que pedem este requisito).

É necessário chamar a atenção do leitor para o fato de que os resultados obtidos com o treinamento, assim como resultado de ações de marketing, têm duração limitada, não durando eternamente ou podem confundir-se ou ser aprofundados por outras ações na seqüência. Resultados podem mudar a qualquer hora tanto para o negativo quanto para o positivo. Logo, a manutenção do que foi mudado em decorrência do treinamento, ou ainda o progresso destes resultados, depende de supervisão e de novas ações de treinamento e desenvolvimento.

É muito importante, então, que seja feita uma avaliação contínua e freqüente. A falta de supervisão no trabalho de um vendedor pode levá-lo a voltar a ter o comportamento anterior ao do treinamento, assim como um treinamento de qualidade que não foi reciclado pode levar ao esquecimento do que foi ensinado e a acidentes resultantes de falhas na operação. A continuidade nas ações de educação, treinamento e desenvolvimento impacta no negócio também.

Mas, e se o profissional que está medindo o retorno do investimento não tiver certeza de que os resultados obtidos são fruto da ação de treinamento? Quando os resultados não puderem afirmar com certeza que o motivador foi o treinamento, Kirkpatrick considera que a maioria dos gerentes e supervisores deve ficar feliz com a indicação, já que antes disso tudo o que ouviam do treinamento era a reação dos participantes. Um número já é um bom indicador, melhor do que nenhuma mensuração de retorno.

Quando as mesmas condições de ambiente ou mercado são mantidas, pode-se dizer que o treinamento promoveu isoladamente os resultados. É neste ponto e na quantificação destes resultados que Jack Phillips foi um passo adiante na metodologia de Kirkpatrick, conforme veremos a seguir.

A Metodologia de Jack Phillips

O 5º nível – ROI

Em sua metodologia, o autor sugere uma versão ligeiramente modificada da escala de avaliação de Kirkpatrick: inclui um plano de ação no nível 1, destaca a aplicabilidade e implementação no nível 3, chama o nível 4 de impacto nos negócios e adiciona um quinto nível relacionado ao ROI, avaliando se o valor monetário dos resultados excedeu o custo do treinamento.

Pode parecer óbvio que não se deve investir dinheiro em um treinamento que não trará benefícios ao negócios, mas não são raros os casos de fracassos de treinamento em programas que investiram altas quantias para se esvaírem pelo ralo... O cálculo do ROI ajuda a prevenir estes casos.

Quando publicou os seus três primeiros artigos sobre a mensuração do ROI no ano de 1996 na revista *Training & Development*, Phillips mencionou a dificuldade em encontrar estudos de caso que mostrassem especificamente o que as organizações faziam sobre o assunto. Seis anos depois, o mesmo autor, em sua palestra de abertura das sessões referentes a mensuração e avaliação no congresso da ASTD 2002, declarou conduzir milhares de estudos a cada ano e possuir mais de 100 estudos de caso publicados. Porém, são poucos os estudos de caso publicados por outros autores. No Brasil, são raros os casos publicados (o leitor encontrará alguns casos mais adiante, neste livro).

É muito questionado por parte dos profissionais de recursos humanos que mensurar o ROI leva tempo e é custoso. Nem todos os programas podem ser avaliados pelos 5 níveis, já que implementar uma metodologia de cálculo de ROI envolve tempo e recursos, que não são viáveis para qualquer programa de treinamento (cabe ressaltar que os custos de processo de avaliação e mensuração não devem ser superiores a 4 ou 5% do orçamento total de treinamento). E nem todo treinamento visa um resultado financeiro.

Entre os benefícios da metodologia do ROI estão:

- Poder mostrar a contribuição de um programa.
- Ganhar o respeito da Gerência Sênior ou a confiança dos clientes (para aqueles que são fornecedores de treinamento).
- Melhorar os treinamentos e os processos de performance.
- Desenvolver uma abordagem baseada em resultados.
- Alterar ou eliminar programas não efetivos.[6]

Ao mostrar o quanto o treinamento gerou de resultados para o negócio, o RH mostra estar com seus programas de T&D alinhados as estratégias da companhia. Ganhando a confiança da Gerência Sênior (que entende a linguagem dos números e não se o treinamento foi bom apenas), fica mais fácil obter dinheiro para programas futuros. Calculando o ROI antecipadamente, mostra-se o quanto de prejuízo pode ser evitado em uma operação que pode ser melhorada facilmente com a capacitação de funcionários e podem ser tomadas ações corretivas para melhorar o portfólio de programas de treinamento.

Em sua metodologia, Phillips coloca 4 estágios (explicados a seguir): planejamento da avaliação, coleta de dados, análise dos dados e, comunicação dos resultados.

No início do processo, são desenvolvidos os objetivos do programa de avaliação, um plano de como esta será feita, o papel de cada pessoa no processo e suas responsabilidades. Como o processo de avaliação tem um custo, para evitar que o longo tempo decorrido pare o processo antes do final, gastando dinheiro inutilmente, ou, ainda, torne os custos de mensuração altos, esta fase deve ter todos estes pontos claramente definidos.

Os dados referentes aos 4 níveis da escala de Kirkpatrick são coletados durante o programa de treinamento e após sua implementação. Os níveis 1 e 2 (satisfação e aprendizagem, respectivamente), são tradicionalmente coletados durante o programa, enquanto os níveis 3 e 4 (aplicação e impacto nos negócios, respectivamente), são coletados após a implementação do mesmo. Estes dados podem ser físicos, como redução de desperdício, unidades vendidas adicionais, redução de horas paradas, horas de treinamento, ou não, como satisfação no trabalho, absenteísmo, lealdade dos funcionários. O nível 5 – ROI é calculado após a obtenção dos dados dos níveis 1 a 4.

Existem várias ferramentas para coletar estes dados, além das citadas anteriormente (questionários, pesquisas de atitude, testes e entrevistas). Phillips ensina, entre outros, dois métodos: por grupos de foco, onde um pequeno grupo de discussão é conduzido por um facilitador experiente; por observação, onde é feito um acompanhamento do participante antes, durante e depois do programa a fim de observar mudanças em seu comportamento. Existem vários métodos para observação, como apoiar-se em um *checklist* (roteiro para avaliação previamente estabelecido) ou em um registro do comportamento em anotações ou gravação em vídeo ou áudio. O autor lembra que consumidores secretos (*mistery shoppers*, no original do autor*)*, são freqüentemente utilizados para avaliar resultados de treinamentos de vendas e atendimento ao consumidor.

O fato é que diante de uma câmera, muitos são levados pela timidez e não atuam como se estivessem cara a cara com o cliente. Outros revelam-se "verdadeiros artistas de TV", com atuações brilhantes no treinamento, mas que muitas vezes podem não acontecer da mesma forma na realidade.

Na fase de análise dos dados está um ponto importante do processo (o "pulo do gato"), algo anteriormente chamado por Kirkpatrick[7] de separação das variáveis. O método de Jack Phillips considera a influência de fatores externos concomitantemente aos resultados do treinamento, isolando os efeitos do treinamento e convertendo-os em valores monetários.

Alguns métodos utilizados para isolar os efeitos do treinamento são: estimativas dos participantes (o mais subjetivo); os já mencionados anteriormente grupos de controles, modelos de previsão e análise de tendências (métodos que envolvem cálculos estatísticos); além da estimativa dos superiores imediatos dos participantes e o uso da opinião do consumidor.

Timothy Bothell, na palestra *"Isolating the Effects of Training: Balancing the Practical Vs. Theoretical Approach"*, no congresso da ASTD, em junho de 2002, em New Orleans, declarou que esta é a parte que considera mais difícil no processo de cálculo do ROI. Na opinião dele uma estimativa ponderada dando mais peso para a opinião dos participantes e menos para a dos clientes, conforme sugeriu a autora desta pesquisa, poderia ser utilizada.

Após isolar os dados, para poder comparar os benefícios e os custos do treinamento, os dados obtidos na coleta e depurados na primeira etapa da análise são convertidos em valores monetários. Neste momento, é importante separar os dados em físicos ou não. Para convertê-los, recomenda-se que se dê especificamente foco a uma unidade, para então determinar o valor de cada unidade.

Um dado físico, como horas paradas, por exemplo, será calculado obtendo-se a economia destas horas, multiplicando-se pelo valor da hora de trabalho do(s) funcionário(s) envolvido(s). Esta hora é calculada pela divisão do salário pelas horas de trabalho.

Os dados físicos são normalmente convertidos com facilidade para valores monetários, como índices relativos a resultado (produto, serviços, vendas), qualidade (medida em termos de erros, retrabalho, produtos defeituosos ou rejeitados), ou tempo (para completar uma tarefa ou responder a um pedido do consumidor).

Já os dados não-físicos podem ou não ser convertidos, em um cálculo geralmente mais difícil. Jack Phillips aponta algumas estratégias que podem prover estimativas confiáveis do valor de dados não-físicos: custos históricos (se mantidos pela organização); opinião de especialistas (internos ou externos que conheçam o negócio); estudos externos (feitos para determinadas indústrias, por exemplo); estimativas dos participantes, gerentes ou do pessoal de recursos humanos.

Dados convertidos e custos calculados, o ROI será calculado pela seguinte fórmula:

$$ROI = \frac{\text{Benefícios Líquidos do Programa (Benefícios – Custos)}}{\text{Custos do Programa}} \times 100$$

Fonte: Phillips, J. 2003.
Nota: Livre tradução da autora.

O que não puder ser convertido e calculado sob o formato de ROI será considerado um benefício intangível. Exemplos de benefícios intangíveis são: melhorias no relacionamento, melhoria na cooperação, aumento da comunicação etc.

Nesta metodologia, o prazo considerado para duração dos efeitos do treinamento é de 1 ano. Ron Stone, em sua palestra no congresso da ASTD em junho de 2002, em New Orleans, *"How Much is it Worth? Placing monetary values on data",* explicou que este prazo é conservador, porque isolar os efeitos do treinamento nos anos seguintes, deduzindo-se depreciação, com tantos outros programas acontecendo, é muito difícil.

Entre os mais de 100 casos publicados pelo grupo de Phillips, encontram-se vários exemplos referentes a treinamento de vendas. Companhias investem grandes quantias para formar e manter suas forças de vendas, e esperam da mesma forma obter grandes quantias como resultado dos programas de treinamento de vendas.[8]

No final do processo, os resultados devem ser comunicados de maneiras distintas, aos seus diferentes tipos de público. Para quem interessa, um relatório completo do processo. Para quem não está ligado diretamente à questão do treinamento, uma página demonstrando como ele foi importante para melhoria dos resultados do negócio.

Além da forma de comunicar os resultados, é importante determinar: o que será comunicado; quando será comunicado (porque não é bom deixar passar muito tempo após a conclusão da mensuração); onde será comunicado (determinando a formalidade de acordo com a audiência); e quem comunicará.

Métodos de Outros Autores

Para Hamblin[9], avaliação significa literalmente determinar a valia ou o valor de algo, ou seja, ao avaliar um treinamento, é avaliado se este valeu ou não a pena, e isto é algo que o ser humano faz continuamente em vários aspectos da vida, em valores monetários ou não. Para este autor, a finalidade da avaliação é o controle, e o controle do treinamento nada mais é do que administrá-lo pelo processo da coleta, análise e avaliação das informações, que possibilitarão a tomada de decisões e a ação. Seu método distingue o quarto nível de avaliação de Kirkpatrick em dois níveis: nível 4 (Organização) e nível 5 (Valor Definitivo), por julgar que parece útil separar as mudanças na maneira como a organização funciona das mudanças na medida em que a organização alcança seus objetivos.

Seu método supõe, então, a existência de uma corrente de causa e efeito que une os níveis de efeitos de treinamento. Esta corrente pode partir-se em qualquer um de seus elos, já que um treinando pode reagir corretamente a um treinamento, sem aprender nada; pode aprender, sem aplicar o que aprendeu no trabalho; pode mudar seu comportamento no trabalho sem que isto afete as demais variáveis da organização; ou, ainda, a organização pode mudar sem que isto afete os lucros ou outros objetivos finais. Por sua vez, os treinandos reagirão não só ao instrutor ou ao seu estado de espírito, mas também ao tema, método do treinamento, seu humor, cenário (por exemplo, distrações do lado de fora da janela) e entre si (o que ocorre bastante em cursos participativos). O trabalho do avaliador e controlador do treinamento é identificar estas rupturas, sua razão e um modo de consertá-las.

Outro método é o de Dana e James Robinson, de 1989, que, diferente dos métodos apresentados anteriormente, não concorda que o treinamento possa ser considerado o único responsável por tais resultados. A principal premissa da metodologia "Treinamento para Impacto" é que o treinamento se mova de uma abordagem voltada para atividades para uma orientação para resultados, com seus objetivos relacionados às demandas e aos objetivos do negócio, seja ele qual for. O conceito fundamental desta metodologia pode ser resumido em uma fórmula:

$$\frac{\text{Experiência de Aprendizado}}{\text{Kirkpatrick} \rightarrow \text{Nível 2}} \times \frac{\text{Ambiente de Trabalho}}{\text{Nível 3}} = \frac{\text{Resultados de Negócios}}{\text{Nível 4}}$$

Fonte: adaptação da autora.[10]

A explicação para esta fórmula é que resultados de negócio ocorrem quando habilidades ensinadas em um treinamento são aplicadas no trabalho, permitindo que a performance melhore. Comparando com a escala de Kirkpatrick, o primeiro termo da fórmula seria o nível de aprendizado; o segundo termo o nível de comportamento no trabalho e o produto, o nível 4 de resultados obtido pela multiplicação entre o nível 2 e o nível 3.

Alguns exemplos do uso desta fórmula nas empresas podem ser facilmente observados no Brasil. Uma pessoa que tem indicada em sua avaliação de desempenho necessidade de melhoria em construção de banco de dados faz um curso de Microsoft Access (banco de dados). Se a empresa não tiver comprado o software, ou, ainda, se a pessoa for transferida para função onde não necessite mais criar bancos de dados, não mostrará o resultado para o que foi aprendido. Assim como um treinamento sobre vendas de produtos adicionais para caixas de banco não terá seus conceitos aplicados na prática nos horários de maior movimento na agência.

Muitas vezes, prestadores de serviço de treinamento formatam a duração de um curso de acordo com a necessidade de seus clientes, sendo necessário eliminar parte do conteúdo, de modo a não prejudicar a qualidade deste. Alguns destes treinamentos contratados podem ser criticados por não terem atingido os resultados ambicionados, o que poderia ser resolvido simplesmente se, antes de ocorrer o treinamento, o vendedor e o comprador do programa de treinamento tivessem determinado claramente os objetivos a serem atingidos com o programa. E o prestador tivesse ressaltado que milagres não poderiam ser feitos dentro do tempo disponível.

Parry[11] também descreve quatro métodos de mensuração do ROI de treinamento, bem semelhantes a algumas das etapas dos métodos apresentados por outros autores, como a comparação antes e depois do treinamento, a estimativa por parte dos participantes e seus superiores em relação ao valor adicionado ao treinamento e a análise custo-benefício. O único método ligeiramente diferente dos demais encontrados na literatura é a aplicação de um plano de ação, onde o participante traça um plano de aplicação dos conceitos e habilidades aprendidas e, meses depois, em reunião com seu superior, reporta as mudanças e metas conquistadas.

No Congresso da ASTD de 2002, Parry citou em sua sessão as quatro categorias em que os benefícios se classificam, dando os seguintes exemplos:

- Economias de Tempo (menos tempo para realizar uma tarefa, menos tempo de supervisão necessária).
- Melhoria na produtividade, com foco na quantidade (taxa de trabalho mais rápida em unidades ou vendas, redução do tempo ocioso, redução do tempo parado à espera de ajuda, menos tempo necessário para realizar determinada função).
- Melhoria no resultado, ou seja, na qualidade (menor índice de produtos rejeitados, menos vendas perdidas, redução de acidentes, custos legais mais baixos).
- Dados em relação a pessoal (diminuição do absenteísmo e dos atrasos, redução dos reembolsos de despesas médicas, melhorando a saúde e diminuição de reclamações).

Outro método, chamado "Avaliação de Caso de Sucesso (*Success Case Evaluation*)", desenvolvido por Robert Brinkerhoff em 1988, baseia-se em pesquisas sobre avaliação de treinamento que permitem chegar a resultados de impacto práticos e rápidos além de estimar o ROI das contribuições de treinamento aos objetivos-chave do negócio.[12]

Este autor chama o cálculo do ROI de treinamento de uma falácia, nomeando-o como uma solução *band-aid* (curativo), que não resolve a estratégia de treinamento no longo prazo, considerando apelativa sua abordagem "quantificadora" de resultados em retornos financeiros.

Foi percebida, no congresso da ASTD 2002, pela autora desta pesquisa a discordância deste autor em relação à metodologia de cálculo do ROI de Jack Phillips, que dominou a maior parte das sessões sobre mensuração e avaliação de treinamento, enquanto a Triad, empresa de Brinkerhoff, só teve uma sessão.

Quantificar o intangível pode ser difícil e, por treinamento conter uma boa dose de intangibilidade, tentar quantificá-lo pode levar a algumas críticas por parte de alguns teóricos e há de se respeitar suas opiniões. Porém, o tom de crítica também pode ser encontrado nas palavras ou entrelinhas de profissionais de educação e treinamento com a desculpa de não saberem lidar com cálculos e números ou não quererem que esses resultados apareçam.

Se o leitor tiver interesse em ampliar sua visão para retorno do investimento no capital humano, pode fazer referência à abordagem de J. Fitz-enz[13], e na metodologia do Saratoga Institute, que recomenda o uso do *Balanced Scorecard*.

Notas do Capítulo 3

1 Kirkpatrick, 1994; 1996.
2 Kirkpatrick, 1987.
3 Milioni, 2004.
4 Kirkpatrick, 1987.
5 Kirkpatrick, 1975.
6 Phillips, P., 2002.
7 Kirkpatrick, 1996.
8 Greenberg, Weinstein e Sweeney, 2001.
9 Hamblin, 1978.
10 Robinson, D., Robinson, J. (1989: 11).
11 Parry, 1996.
12 Triad, 2002.
13 Fitz-enz, J., 2001.

Capítulo 4

Modelo de Avaliação de Programas de Treinamento, Capacitação e Formação Profissional

Segue-se modelo desenvolvido pela autora com base em suas pesquisas e testado nos últimos anos, ao qual é adicionado um nível 0, de embasamento estratégico, anterior ao nível 1 e adaptando à realidade brasileira, agrupam-se os níveis de 3 a 5 nas escalas de Kirkpatrick e Phillips, em um único nível 3, chamado de impacto, com recomendações para cada um dos níveis.

Nível 0 – Embasamento Estratégico

Antes de avaliar, é necessário já no planejamento do programa de treinamento ou capacitação verificar a quais metas organizacionais e individuais ele irá suportar.

Não há programa desenvolvido sem alinhamento estratégico. Os objetivos do programa devem ser descritos considerando o alinhamento estratégico e o atendimento às metas organizacionais. Devem ser claros, objetivos e mensuráveis.

Modelo de avaliação para nível 0 – Desenvolvimento do programa conforme estratégia da organização.

Nome do Programa = _____		
Meta(s) organizacional(is) relacionada(s) =	( )	1 – Manter índice 45% ...
	( )	2 – Atingir 30% de...
	( )	3 – Ser a 2ª em ...
(buscar no planejamento estratégico)		

Na hora de definir quem participará do programa ou da inscrição do participante, deve-se indicar qual meta individual o programa irá auxiliar ou garantir que seja atingida ou ainda a competência a ser aprimorada/mantida/adquirida.

Modelo de avaliação para nível 0 – Alinhamento do participante ao programa visando resultados.

Nome do funcionário =	
Meta individual =	( ) 1 – Alcançar 20% de...
	( ) 2 – Rever os processo de...
	( ) 3 – Criar...
	( ) 4 – Atingir nível 4 em...
(buscar no plano de metas do funcionário/avaliação de desempenho/plano de carreira)	
Competência =	
(identificar a competência com seu hiato a ser preenchido ou a competência que deseja ser mantida, caso a organização tenha implementado o gerenciamento de/por competências).	

Nível 1 – Reação

É importante definir se para cada avaliação de reação a organização fará um modelo próprio a partir dos objetivos do programa ou terá um modelo genérico que atenderá a todos os programas.

O ideal é que seja feito um questionário *customizado* para cada programa, elaborando perguntas relacionadas aos objetivos específicos dele. Com a inclusão de questões padronizadas a serem feitas uniformemente para todos os programas, garante-se a possibilidade de se fazer uma análise global das ofertas de soluções do setor de educação/treinamento facilitando a comparação entre programas.

Essas perguntas comuns a todos os programas dizem respeito à satisfação em relação ao curso/evento, ao instrutor/professor e à qualidade, entre outros fatores. Podem ter seus resultados em escalas de 0 a 10, em escala de 1 a 5 (em qualidade ou concordância) ou também de modo percentual expressando o grau de atendimento em relação àquele critério, em escala de 0 a 100%.

A depender de como a organização entende a questão da avaliação, as duas últimas escalas (*Likert* e percentual) são as preferencialmente utilizadas, dado que atribuir nota à atuação de um profissional pode gerar constrangimentos e reações contrárias à avaliação, já que, tradicionalmente, o ser humano não gosta de ser avaliado, quando na verdade a avaliação dá apoio à performance de qualquer profissional e à melhoria dos programas como um todo.

A leitura de resultados de avaliação em escala percentual é um estágio mais avançado na cultura de avaliação da organização; logo, para aqueles que utilizam questões citando apenas o nome dos critérios avaliativos, sugere-se que as questões sejam redigidas de modo assertivo, de maneira a colocar o respondente mais próximo do processo avaliativo. Por exemplo: em vez de perguntar sobre o conteúdo solicitando uma nota de 1 a 10, pode-se pedir ao respondente que avalie a questão "O conteúdo do curso foi desenvolvido de modo satisfatório" segundo uma escala gradual de concordância – de "discordo totalmente" a "concordo totalmente".

Comentários abertos também devem estimular que os participantes destaquem os pontos fortes e os pontos de melhoria do programa, justificando também suas respostas quando não alcançado um nível mínimo recomendado – por exemplo: notas abaixo de 7, 70% ou abaixo de/igual a "concordo parcialmente".

Para alguns programas, sobretudo os de longa duração, onde avaliações são feitas diversas vezes, é interessante observar também o comportamento de cada respondente ao longo da avaliação de reação desenvolvida para o programa, individualmente. Já foi percebido que alguns participantes concordam totalmente com todas as questões e na hora de avaliar o curso ou o professor dão uma resposta não condizente. O somatório das respostas médias de todas as questões, como o devido peso de cada critério (a ser definido pela organização), pode ser comparado à questão geral da satisfação atribuída pelo participante.

Se o ideal é que cada programa tenha sua avaliação de reação, de acordo com o volume de programas oferecidos pela instituição, a disponibilidade de profissionais para redigir a avaliação de reação e acompanhar seus resultados ou o próprio interesse da organização, pode também ser utilizado um modelo único que atenda a todos os programas ou a determinados grupos de programas.

É muito importante que se pergunte o que efetivamente pode ser melhorado ou mudado, ou que seja interessante perguntar por que há possibilidade de mudar. Não há sentido em gerar expectativas que não podem ser cumpridas.

Nas organizações onde a cultura permitir, dar retorno aos participantes sobre o que eles responderam e as soluções encaminhadas, por meio direto caso a identificação tenha sido feita ou a todo o grupo caso haja a opção de anonimato (recomendada por muitos autores e que garante a liberdade de expressão), contribui para aumentar índices de respostas futuras, para aqueles que voltarão a participar de programas na organização e para os novos participantes que verão a utilidade das avaliações feitas anteriormente, para a melhoria do processo.

A consolidação rápida dos dados pode ser feita por meio de sistemas de resposta à avaliação e consolidação dos resultados por computador/Internet, que trazem como benefício a agilidade de resposta em turmas pequenas ou maiores, em instituições que disponham desse recurso.

A avaliação de reação pode ser feita ao final do curso, em espaço dedicado suficientemente ao seu preenchimento, ou entre uma semana e um mês após o término do programa, conforme a conveniência de tempo do participante e a melhor forma de garantir respostas.

Por praticidade, quando a avaliação é feita em papel, recolhem-se os formulários quando da saída dos participantes, o que muitas vezes carrega toda a emoção da despedida – seja euforia, alegria ou raiva, ou ainda a pressa para deixar o ambiente onde foi desenvolvido o treinamento. Há certo viés nesse tipo de aplicação da avaliação de reação, mas esta tem sido a maneira mais aplicada no Brasil.

Caso a avaliação seja feita posteriormente, há a preocupação em garantir que os participantes, no retorno às suas ocupações, respondam à avaliação, mas também a vantagem de trazer a lembrança do curso e se disponibilizar para dissipar eventuais dúvidas. Deve-se reiterar o convite à avaliação de modo automático pelo sistema ou com alguma intervenção pessoal, quando não for alcançado um número mínimo que estatisticamente represente o grupo de participantes, conforme o negócio e a cultura da organização, bem como a existência de razões que impulsionem a resposta à avaliação.

A principal razão para se responder a uma avaliação é ver o seu benefício e considerá-la como parte natural do processo. Outros mecanismos podem ser utilizados – seja de recompensa (compartilhando o resultado consolidado, enviando um artigo relacionado ao tema do programa, oferecendo desconto para um outro curso para o próprio respondente ou outro participante da empresa, computando o curso na ficha de dados/currículo do profissional apenas se a avaliação for preenchida) seja de punição (associado às regras da instituição ou ao não-cômputo do curso no perfil do funcionário).

No encaminhamento das soluções a partir das respostas dos participantes, é necessário ter uma abordagem múltipla na análise dos itens de satisfação do programa. Todos os envolvidos no treinamento ou na capacitação devem ser ouvidos/lidos. Questões com resultados bem diferentes entre os participantes ou que necessitem de maior investigação devem ser mais bem investigadas.

Qualquer decisão de manutenção ou melhoria deve contemplar uma análise onde a opinião do participante é representante da percepção de um dos lados, em conformidade com a resposta que o professor/instrutor dá sobre o andamento do programa e, se possível, também a área que coordena o programa.

Em instituições educacionais, há muitas discussões sobre a maturidade dos alunos em avaliar itens como aplicabilidade do conteúdo e domínio de conhecimento do docente. Qualquer que seja a decisão considerando a estratégia da organização, o grau de evolução de sua cultura de avaliação, bem como a idade dos alunos (ainda que a educação em avaliação a partir de certa idade possa melhorar a percepção da questão no futuro), é importante considerar que os alunos em suas respostas manifestam sua opinião – uma análise mais real surge a partir da soma das opiniões de todos os envolvidos.

Em universidades corporativas ou instituições educacionais, sugere-se que a avaliação de reação seja aplicada antes da prova ou de outra avaliação de aprendizagem, de maneira a evitar o viés da moeda de troca – prova fácil, nota boa; prova difícil ou nota ruim, avaliação ruim. Caso não seja possível fazer a avaliação de reação antes da avaliação de aprendizagem, deve-se analisar os resultados considerando esse viés.

Os alunos podem preferir responder a avaliação de reação após a prova, sob a alegação de que ela faz parte da avaliação do professor. Como avaliar a metodologia de aferição de aprendizagem utilizada pelo professor é uma questão delicada, deve-se explicar à eles que esta avaliação pode ser feita de outra forma, por meio de uma análise pedagógica adequada.

Modelo genérico de avaliação de reação

Nome do programa:

Instrutor:

Nome do participante (opcional): Data:

Prezado participante,
Convidamos você a nos ajudar na manutenção dos pontos positivos e na melhoria contínua deste programa de capacitação para edições futuras.

Equipe de treinamento

1. Numa escala de 5 a 1 (5 muito bom, 4 bom, 3 regular, 2 fraco e 1 muito fraco), atribua um grau a cada um dos aspectos do treinamento.

Programa do curso:

Conteúdo:

Instrutor:

Aspectos audiovisuais (apresentação, vídeos etc.):

Material didático (manual, caderno de apoio etc.):

Duração:

2. Por favor manifeste seus comentários e sugestões, sobretudo se tiver atribuído nota menor ou igual a 3 para um dos aspectos acima:

3. Em relação aos objetivos descritos no material de divulgação do programa ou na abertura dele, você considera que o programa os alcançou? Explique sua resposta.

4. Em relação à meta individual ou à competência para a qual esse programa de capacitação foi oferecido a você:

a) Qual o percentual de contribuição?

b) Em que contribuiu? Em que ele poderia ter contribuído mais?

(refira-se ou cole aqui o formulário de apoio recomendado no nível 0 para alinhamento do participante ao programa).

(use o lado oposto para maiores observações) **Muito obrigada!**

Nível 2 - Aprendizagem

No Brasil, a medição do nível de aprendizagem é mais encontrada em treinamentos técnicos, programas de formação profissional e instituições de ensino que avaliam seus funcionários ou alunos, associados ou não à certificação/aprovação. Para programas de capacitação de modo geral, no entanto, algumas organizações no Brasil já estão fazendo mais medições nesse nível do que há 5 anos.

A cultura educacional vigente em nosso país tradicionalmente associou uma imagem equivocada a esse nível, onde se pune ou se recompensa o sujeito que tem a ele notas atribuídas que tentam valorar sua aprendizagem. Estuda-se para a prova, não para aprender e pouco se retém do conteúdo após. Alunos brilhantes fora do mercado de trabalho. Alunos medianos ganhando milhões na profissão. Não faltam exemplos contrários à lógica.

Aprova-se automaticamente sem buscar mecanismos de correção da formação futura, impactando em deficiências graves no desenvolvimento do raciocínio e da compreensão, em que o estudante carrega para as séries seguintes suas dificuldades e pode se tornar um analfabeto funcional: lê mas não entende.

A Pedagogia moderna ensina que a aprendizagem é mais um momento do processo ensino-aprendizagem, completando o ciclo. Em uma universidade corporativa, uma avaliação de aprendizagem ruim pode indicar que é preciso complementar de outra maneira a formação do participante. Ou que a seleção dos funcionários para aquele programa precisa ser melhorada, ou ainda que a divulgação do público-alvo precisa ser mudada, ou que a solução educacional precisa ser repensada utilizando outros formatos, como a educação a distância.

Argumenta-se que é difícil encontrar nas empresas ferramentas de mensuração de aprendizagem porque isso demanda muito tempo e mãos para construí-las. Há formas complexas (mais trabalhosas) e mais simples de se medir a aprendizagem.

O Brasil precisa aprender mais a construir essas ferramentas – a partir dos objetivos, checando questões relativas ao conteúdo; com observações do superior imediato verificando o suprimento de *gaps* em competências (conhecimentos, habilidades e atitudes); em testes de múltipla escolha ou discursivos com algumas perguntas que avaliem se o treinando aprendeu o conteúdo transmitido; com avaliações idênticas aplicadas antes e depois da capacitação; ou grupos de controle observando um grupo que se capacitou e outro que não, naquele conteúdo.

Pode-se também perguntar ao participante oralmente ou solicitar que ele descreva o que aprendeu de novo, em que assunto ele pode se desenvolver mais, como ele pensa que pode aplicar o que aprendeu, entre outras questões.

Modelo de avaliação de aprendizagem para um professor/instrutor em sala de aula/ambiente virtual (pode ser adaptado para um questionário ou respondido oralmente)

Sobre o tema, qual o percentual de aumento do seu aprendizado?	O que você aprendeu em adição ao que já sabia?	Onde poderia aprender mais?	Como vai aplicar o que aprendeu?	Pontos fortes do curso*	Pontos de melhoria*

Podem aqui ser explicitados itens de reação que interferem no aprendizado. Este quadro pode ser preenchido em conjunto com os participantes, com a ajuda ou não do professor/instrutor ou outro facilitador.

Nível 3 – Impacto

Cada organização gosta de ver os resultados de seus programas de treinamento, educação e formação da maneira que ela melhor aceitará.

De modo a facilitar a análise, foi feito o agrupamento dos níveis mudança de comportamento/aplicabilidade, resultados e o ROI propriamente dito, em um só nível, explicitando os resultados do modo mais conveniente à realidade de cada organização e aos dados disponibilizados.

Muitas vezes, os dados para medir resultados e convertê-los em resultados monetários não estão facilmente disponíveis. Os casos que revelam maior abrangência deste nível foram aqueles em que parceiros expuseram mais os números para completar a fórmula.

A dificuldade em se obter dados passa por gestão da mudança, que, por vezes, envolve a conscientização das áreas que fornecem os dados, desde a liberação deles até o momento em que o setor que libera a informação para o trabalho percebe que o setor que busca a informação é parceiro e entende o propósito da medição como benéfico para toda a organização. Sem dados completos, não se pode chegar até o retorno financeiro, mas que muita coisa útil pode ser obtida antes de chegar até ele, isso, sim, é possível!

A revisão dos processos do setor responsável por educação e treinamento na organização passa também pela necessidade de "arrumar a casa", descrevendo melhor os custos de uma solução educacional.

Algumas vezes fui contatada, desde a 1ª edição, por pessoas solicitando ajuda na parte de custos, o que me surpreendeu da primeira vez já que, no meu entender, como as empresas brasileiras sabem muito bem cortar seus custos, o departamento que cuida de educação e treinamento também deveria saber, de modo a não ter "cabeças cortadas" ou seu orçamento esvaziado quando de uma necessidade de redução de custos na organização.

Segue, abaixo, um modelo simples que o leitor pode incrementar a partir dos dados que estão disponíveis em sua organização.

Modelo de planilha de custos

HONORÁRIOS DO PROFESSOR / INSTRUTOR	
AMBIENTE FÍSICO *(colocar pro rata se vários eventos são conduzidos num mesmo espaço associando gastos de manutenção da infra-estrutura, iluminação etc.).*	
HOSPEDAGEM E TRANSPORTE *(se existentes, substituir por custos de satélite e outros associados à EAD, se a modalidade do evento for à distância).*	
MATERIAL DIDÁTICO, EQUIPAMENTOS, TECNOLOGIA	
ALIMENTAÇÃO *(se houver)*	
SALÁRIO DE OUTROS ENVOLVIDOS NO TREINAMENTO	
TOTAL	

Após ter procurado o setor financeiro, o responsável pelo programa pode investigar os resultados junto aos participantes e aos seus superiores, bem como junto ao gestor do setor que encomendou o programa de capacitação ou que recebeu participantes no retorno do curso, fazendo perguntas como:

1. Quanto impactaria a não-realização do curso? (ex.: tempo, custos, não alcançar metas etc.).
2. Qual a percepção de melhoria no comportamento do participante em relação ao trabalho desenvolvido nos aspectos trabalhados no curso? *(Lembrar ao respondente que aspectos foram estes. Medir posteriormente esses itens.)*

3. Como o participante aplicou o que aprendeu no curso?
4. Que competências foram reforçadas?
5. Houve melhorias em que resultados?
6. Que outros aspectos poderiam ser incluídos na capacitação?

Essas mesmas perguntas podem ser feitas antes de a solução educacional ser oferecida, de modo a desenhá-lo melhor para atendimento das necessidades organizacionais e individuais, no nível 0 desse modelo de avaliação, o embasamento estratégico. Investigar antes da realização do programa que resultados são atingidos, facilita também na observação da evolução após o curso.

Um roteiro de perguntas elaborado a partir de cada programa, com base nas respostas dos níveis 1 (reação) e 2 (aprendizagem) e variações das seis questões apresentadas nesta seção, pode ser aplicado em uma entrevista telefônica, em um questionário estruturado para envio eletrônico ou para vários participantes juntos em um grupo de foco (com a condução de um bom facilitador e devida disponibilidade geográfica para que os custos da avaliação não superem os custos e benefícios do programa). Para construção desse roteiro, recomenda-se aprender bastante sobre avaliação, o objeto do treinamento e o negócio da empresa.

Perguntar aos participantes sobre o curso que fizeram após certo tempo, além de recuperar o que foi feito durante a realização do programa, trazendo à tona conceitos discutidos para que o participante os recorde, permite também que façam suas contribuições com mais experiência para criticar o conteúdo e o programa. Assim, pode-se melhorar as próximas edições e, conseqüentemente, os colegas que passarão pelo mesmo treinamento, que poderão contribuir mais para os processos e resultados da organização. Mas a aplicação desse tipo de avaliação não elimina a continuidade da formação com outros programas, bem como ações pós-curso (como exercícios, comunidades virtuais na Internet para discussão futura, entre outros).

Muito se discute quanto ao melhor momento de fazer a avaliação de impacto e quanto pode ser dito que estes resultados duram, bem como o quanto pode ser responsabilizado o programa de capacitação em relação aos efeitos positivos (assim esperado!), uma vez que outras iniciativas organizacionais auxiliam e o participante já carrega consigo conhecimentos prévios.

Cada programa e cada realidade do negócio implicam uma resposta diferente para a questão do momento certo para realizar a avaliação de impacto. De um mês (avaliando apenas o comportamento) a um ano, é o que a bibliografia de modo geral recomenda. Muitas vezes o cliente solicita antes do tempo recomendado, porque terá uma nova edição do programa, precisa tomar atitudes rápidas ou está sendo cobrado. É necessário dar tempo para que os participantes possam aplicar o que aprenderam, mais um tempo para que voltem à sua atividade normal sem pensar mecanicamente em aplicar, mas o fazendo instintivamente.

Caso seja feito antes do tempo recomendado, que varia conforme o tipo de programa, é importante destacar no relatório final que aqueles resultados dizem respeito ao período de tempo observado e que se recomenda que a medição seja feita novamente mais à frente, a fim de colher resultados mais maduros.

Quanto à questão "quem é o responsável pelo sucesso do programa?", meses após sua edição pode-se perguntar ao participante ou a seu superior imediato que percentual dos resultados observados ele atribui ao treinamento.[1]

Em uma cultura de avaliação de impacto pouco sedimentada como a brasileira e pela falta de prática de se atribuir percentuais de responsabilidade quanto a um resultado, uma alternativa é indicar o que, junto com o programa onde o participante foi capacitado, contribuiu para aqueles resultados, bem como os obstáculos que, removidos, poderiam maximizá-los. Provar que educação, treinamento e desenvolvimento auxiliam em outras estratégias organizacionais já é válido e importante, se não for possível isolar o efeito do programa de outras variáveis.

Segue um modelo de avaliação que deve ser completado alguns meses após o programa de formação/capacitação. Após ter sido preenchido pelo participante, pode ser encaminhado ao seu supervisor, que completará com suas observações, confirmando ou diminuindo/aumentando os valores atribuídos pelo participante. Pode-se atribuir pesos diferenciados para a avaliação do participante e de seu supervisor.

Há uma parte do modelo que é respondida por pessoas capacitadas em avaliação na área de T&D ou de educação, com o apoio ou não de especialistas, que podem ou não converter para valores monetários os benefícios ou apenas indicar os benefícios intangíveis.

Modelo de Avaliação de Impacto

Nome do evento:

Objetivos: 1) X 2) Y 3) Z: (a ser preenchido pelo profissional responsável pelo treinamento)

Data em que o treinamento foi concluído:

Nome do participante: Data da avaliação:

1. Considerando o programa do qual participou, quanto você sente que os objetivos foram alcançados ou as competências abaixo descritas foram melhoradas? – escreva uma estimativa de 0 a 100% e fique à vontade para adicionar seu comentário.
   a. Realizar operações 100% seguras ___%
   b. Capacidade de... ___%
   c. Aumentar 20%... ___%

2. Em que valeu a pena ter participado do programa, pensando no que você está realizando hoje em seu trabalho?

3. Em que a melhoria desta(s) competência(s) ou o alcance de objetivo(s) poderia(m) ter sido maximizado(s)? Que dificuldades você encontrou para poder aplicar o que aprendeu?

4. Resultados *(investigação feita pela área que conduz a avaliação)*
   4.1. Benefícios obtidos com o programa (listar os 5 principais)
   (para construir esta parte consulte especialistas, participantes, o supervisor, analise relatórios etc.).

   1........
   2........
   3........
   4........
   5........
   (Separe os benefícios que podem ser convertidos dos que não podem)

   4.2. Converter para valores monetários
   1
   3
   4

   4.3. Benefícios intangíveis (justificativa)
   2 *(aqui se colocam os benefícios que não puderam ser convertidos por ausência de dados ou por que não seria interessante)*
   5

   4.4. Aplicar a fórmula de ROI

   $$ROI = \frac{\text{Benefícios Líquidos (Benefícios} - \text{Custos)}}{\text{Custos do Programa}} \times 100$$

Ao final da avaliação de impacto, é importante comunicar os resultados, agradecendo aos que responderam e facilitaram a análise, o que é fundamental para aumentar o interesse da organização neste importante retorno do trabalho do setor responsável por treinamento e/ou educação dentro da organização. É importante, ainda, obter maior apoio das áreas responsáveis pelos dados que serão contabilizados e convertidos posteriormente, divulgando para toda a organização, sobretudo para a alta administração.

Um dos próximos capítulos deste livro apresenta casos reais aplicados com essa metodologia.

Representação Gráfica

MODELO DE AVALIAÇÃO DE PROGRAMAS DE TREINAMENTO, CAPACITAÇÃO E FORMAÇÃO PROFISSIONAL (PALMEIRA, 2009)

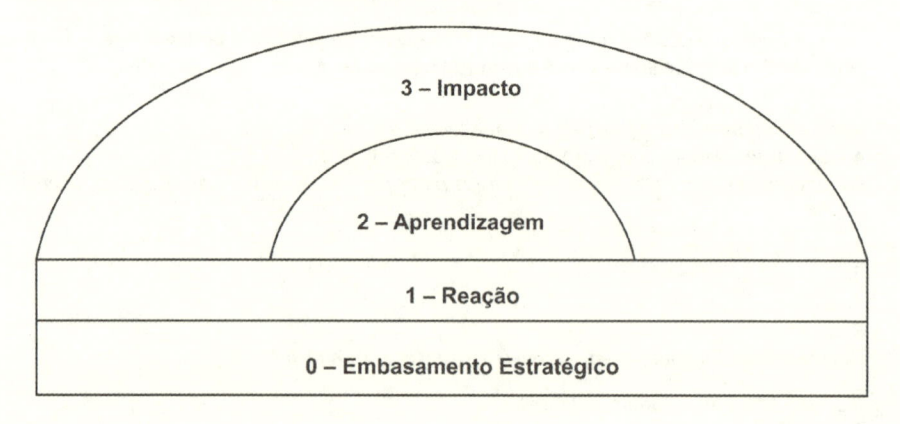

```
        3 – Impacto
      2 – Aprendizagem
        1 – Reação
   0 – Embasamento Estratégico
```

Nota do Capítulo 4

1 Phillips, 2003.

Capítulo 5

O Cálculo do ROI
de Treinamento no Brasil

Alguns dos motivos para não haver a tradição de se mensurar o ROI são: a pouca familiaridade dos profissionais de T&D em usar termos financeiros; a falta de apoio da alta gerência; o mito de não ser possível mensurar o ROI[1]; a existência de muitas variáveis afetando o comportamento para calcular o impacto do treinamento; o fato de a medição provavelmente custar muito[2]; o medo de fazer o cálculo por não saberem se permanecerão na posição em que estão após mostrar resultados baixos[3], entre outros.

No Brasil, alguns problemas sobre a avaliação de resultados dos programas de T&D são a falta de tempo e pessoas para promover o processo, a crença de não poder se medir o que é treinamento comportamental, e a ausência de uma tecnologia para mensurar resultados em treinamento.[4]

Além disso, o propósito de avaliar é utilizar os resultados para melhoria contínua do processo educativo e como o retorno do investimento pode ser visto desde o 1º nível, muitas vezes o que os participantes escrevem na avaliação de reação não é o que o coordenador de um centro de treinamento ou de um departamento acadêmico gostaria de ler. Há exageros, notadamente preferências e antipatias pessoais, mas, na maioria das vezes, dados relevantes a serem trabalhados, ouvindo as partes envolvidas.

Avaliar implica também tocar em pontos sensíveis que provocam temor às mudanças que uma avaliação em qualquer nível pode gerar. Esse temor, em algumas organizações, pode ser maximizado pela ausência de uma cultura que trabalhe positivamente essas informações oriundas das avaliações de reação (sabendo dar *feedback* a quem respondeu e a quem pode mudar, mostrando os benefícios das melhorias).

O fato é que cada vez mais se cobram resultados de todas as áreas das empresas e o ROI é uma medida familiar para a alta gerência, destacando-se por ser de fácil compreensão para aqueles que aprovam os orçamentos de recursos humanos. O ROI é uma medida que pode ajudar a provar o valor adicionado pelos programas de treinamento/capacitação ao negócio, mostrando o resultado do trabalho do departamento de recursos humanos ou de consultorias especializadas em treinamento/capacitação.

Pode-se supor que a vontade de muitos gestores de educação e treinamento é ir diretamente ao último nível (4 na metodologia de Kirkpatrick ou 4 e 5 na escala de avaliação de Jack Phillips), em busca dos resultados financeiros do investimento em treinamento. Afinal, é isso o que mais interessa na hora de provar o valor de um treinamento, principalmente porque para o nível de aprendizagem (2) e para o de comportamento (3) o cálculo envolve tempo e recursos, nem sempre disponíveis.

Patrícia Phillips, no congresso da ASTD em 2002, ao ser questionada pela autora desta pesquisa sobre a possibilidade de "pular" um nível, como, por exemplo, ir do 2 ao 4, na metodologia ROI de Jack Phillips, já que o nível 3 emprega mais recursos e tempo para avaliar, respondeu que é necessário seguir a ordem do processo. Isso porque, dessa maneira é mais fácil identificar os ganhos de cada nível de avaliação, obtendo os dados para chegar ao cálculo final. Patrícia Phillips informou que nem todos os programas de treinamento visam gerar resultados nos níveis 4 e 5. É fato que, em alguns tipos de programa, existem fatores que complicam e tornam a avaliação extremamente difícil.[5]

A observação dos inter-relacionamentos entre cada um dos níveis de avaliação encontrada na literatura sobre o tema ROI de treinamento corrobora a disciplina do pensamento sistêmico de Senge[6]. Ir direto ao nível da avaliação de impacto é tentador, mas há que se passar primeiro pelos níveis de reação e aprendizagem, pois estes fornecem indicativos que podem ser trabalhados na avaliação de impacto. Pode ser desejável também fazer a avaliação de impacto para todos os programas de educação e treinamento, o que pode ser feito por meio de perguntas pontuais, no caso de organizações com muitos programas de capacitação, em menor ou maior profundidade. Porém, é interessante manter o foco em fazer bem alguns poucos programas, até sedimentar a experiência na organização e dispor de mais recursos, definindo que programas têm mais importância, tradição, representatividade e/ou impacto no negócio da organização e que precisam ser acompanhados no nível da avaliação de impacto, elegendo aqueles para os quais é primordial ter seu retorno medido.

O Momento de Calcular o ROI de Treinamento, Capacitação e Formação Profissional

Tradicionalmente, no Brasil, as áreas de T&D e educação corporativa, em tempos de redução de custos, têm seus investimentos cortados ou reduzidos. Medir o ROI pode garantir a sobrevivência de um programa e mais investimentos para o departamento investir neste ou em novos programas. O valor de retorno do investimento pode ser um aliado na hora de convencer alguém a não eliminar ou até aprovar um programa de capacitação, quando seu cálculo é feito antes de sua realização. É também uma evidência de que o departamento de treinamento ou educação corporativa fez um bom trabalho, quando realizado depois de sua ocorrência.

Entretanto, aplicá-lo em um momento inadequado, quando a organização e seus empregados não estão preparados para um ambiente de mensuração do retorno do investimento passando por melhorias desde o 1º nível (reação), pode dificultar sua implementação no presente e em ocasiões futuras.

Tão importante quanto decidir quando calcular ou não o ROI de um programa, é também o próprio cálculo de quanto este processo vai custar. Em alguns programas, basta saber que os benefícios superam os custos, ao invés de custear um processo que afirme com exatidão o ROI.[7]

Se treinar por treinar é desperdiçar dinheiro, não treinar ou treinar só uma vez, como se vê muitas vezes nas empresas brasileiras, também têm um custo alto. O efeito do treinamento pode passar, a motivação pode baixar, o conteúdo pode ser esquecido, tudo pode voltar a ser como antes.

No Brasil, a cultura de gestão de RH não incentivou práticas de mensuração e avaliação de resultados do investimento em T&D, sobretudo, entre outras razões menores, devido à Lei 6.297, de 15 de dezembro de 1975, revogada em março de 1990, que permitia a dedução dos gastos de treinamento em dobro no imposto de renda devido, o que levava a grandes investimentos em projetos de formação profissional, sem observar se estavam relacionados à melhoria do desempenho no negócio. A falta de alinhamento de alguns programas em relação aos objetivos estratégicos das empresas é um dos motivos que explicam fracassos em T&D no país, há décadas.[8]

Pode-se dizer que, ainda hoje, o departamento de recursos humanos como um todo é algumas vezes visto, por preconceito, como uma área menos nobre, menos importante, onde o trabalho é mais fácil, "pura diversão", como uma herança dos tempos passados. O cálculo do ROI tem ajudado a eliminar esta imagem errônea dos profissionais qualificados e sérios que atuam nesta área, ainda que estes precisem estar mais bem preparados para justificar os cálculos feitos e convencer os que os questionam.

Porém, a pouca familiaridade dos profissionais de T&D com o assunto "Contabilidade" e a dificuldade de aplicá-la em assuntos relacionados à gestão de pessoas, os poucos artigos, livros e pesquisas sobre o tema no Brasil, aliados à quase ausência de casos práticos publicados sobre aplicação de métodos na mensuração e avaliação do ROI de programas de treinamento e capacitação em empresas brasileiras, levam à constatação de que não há quase *benchmarking* para que estes profissionais aprendam a calculá-lo.

No entanto, já se percebe que mais profissionais de educação e treinamento estão começando seus casos práticos, exercitando pouco a pouco a experiência do cálculo de ROI, ainda que optem pelo atalho de não medir a aprendizagem da maneira correta. Se a dica de 2004 era começar por programas mais simples de serem mensurados, como, por exemplo, um treinamento de venda de produto, a dica agora é compartilhar. RH precisa compartilhar mais!

Como a mensuração do retorno do investimento feito em treinamento nas organizações é ainda um campo a ser mais pesquisado nas empresas brasileiras, é relevante continuar fomentando a cultura de mensuração do retorno do investimento em treinamento e de programas de capacitação, chamando-o de ROI, na língua inglesa, ou de RIT, uma versão brasileira que pelo visto não pegou.

Notas do Capítulo 5

1 Phillips, J., 2003; Phillips, P., 2002.
2 Phillips, J., 1991.
3 Fitz-enz, 1998.
4 Milioni, 2004.
5 Kirkpatrick, 1996.
6 Senge, 1990.
7 Becker, Huselid e Ulrich, 2001.
8 Milioni, 2004.

Capítulo 6

Sistemas de Mensuração do Retorno do Investimento em Treinamento nas Organizações Brasileiras

A primeira edição deste livro teve origem em uma pesquisa de mestrado, a partir de uma revisão da literatura disponível na época. Um questionário foi construído a fim de identificar em que condições as empresas brasileiras estariam quanto à mensuração de ROI de treinamento.

Por ocasião da nova edição, foi feita uma atualização com poucas modificações, para incorporar também educação corporativa – o questionário segue no final do livro em Anexo.

As respostas para esse questionário são expressas em termos de escala *likert*[1] onde cada participante expressa concordância ou discordância (de intensidade normal ou extrema), atribuindo notas de 1 (significando discordo totalmente) a 5 (concordo totalmente), manifestando sua opinião individual e subjetiva. Sugere-se que o questionário seja respondido por diversas pessoas na organização, de modo a tornar sua resposta e o indicativo de rumo a tomar mais representativos.

A Pesquisa Inicial

Feito um pré-teste anterior à sua aplicação, o questionário foi respondido por 83 pessoas expressando sua percepção para as 75 empresas em que estavam inseridas, lidando direta ou indiretamente com treinamento e desenvolvimento, em empresas de diversas indústrias, tamanhos diferenciados, de capital nacional ou estrangeiro, novas ou tradicionais no mercado. Comunicou-se aos respondentes que seus nomes, bem como os de suas empresas, não seriam revelados a fim de estimular mais respostas e sinceridade. Cada empresa recebeu, então, um codinome formado pela sigla do estado de origem e um número.

A amostra dos questionários foi obtida por meio da ABRH-Rio, do banco de dados dos participantes do Congresso da ABTD-Nacional (Associação Brasileira de Treinamento e Desenvolvimento) de 2002, dos participantes de listas de discussão na Internet sobre o tema Recursos Humanos e Treinamento, lista de *e-mails* pessoais da autora, indicações e recomendação de profissionais de Recursos Humanos e amigos, bem como recorrência à amostra do pré-teste.

As diversas variáveis presentes no questionário, avaliadas por escala de 1 a 5, tiveram seus pontos atribuídos e somados, em critério e classificação das empresas da amostra segundo o *score* adaptado de Phillips[2], explicado a seguir, em que esta pesquisa atribuiu uma letra (A maior resultado; D menor resultado).

Score

A) 81 a 100 Esta organização tem uma abordagem orientada para resultados em treinamento e educação. Há pouco o que melhorar e pouco a fazer para concentrar esforços adicionais para melhorar a avaliação da função de recursos humanos/treinamento. A organização tende a ser muito efetiva em sua atitude em relação à avaliação.

B) 61 a 80 Esta organização é provavelmente melhor do que a média em termos de avaliação. Há espaço para melhoria e os esforços parecem estar no caminho certo. Há atenção quanto à obtenção de resultados e avaliação dos programas de treinamento, mas uma ênfase adicional é necessária para fazer o departamento de RH/Treinamento contribuir mais no futuro.

C) 41 a 60 Melhorias são necessárias nesta organização, no que diz respeito à atitude e à abordagem aos programas de RH/T&D e sua avaliação. A ênfase deve ser colocada em assegurar o envolvimento apropriado da gerência em mudar o pensamento da empresa sobre avaliação.

D) 20 a 40 Nesta organização há pouco ou nenhum interesse por medir resultados na função de RH.

O autor dessa metodologia destaca que este *score* é simplista e pode não estar exato. Para referência, pode ser utilizado pelos respondentes do questionário que consta em Anexo. Recomenda-se utilizar análise estatística, como nessa pesquisa feita com apoio do software SPSS, para formação de *grupos*, com características semelhantes para comparação com os grupos de Phillips.

A Atualização da Pesquisa

Para a nova edição, procurou-se atualizar o resultado da pesquisa. Porém, dado o tempo disponível e seu caráter não-institucional ou acadêmico, optou-se por utilizar alguns resultados da Pesquisa "O Retrato do Treinamento no Brasil" realizada no ano de 2007 com 305 organizações, pela ABTD – Associação Brasileira de Treinamento e Desenvolvimento, que gentilmente concedeu autorização para que fossem publicados.

Entre os maiores desafios na área de treinamento e desenvolvimento, conforme divulgou a pesquisa, calcular o ROI em T&D aparece no discurso de 44% dos respondentes, seguido de mensurar impactos do T&D na organização (37%), entre outras relacionadas à necessidade de alinhamento à estratégia organizacional e mudanças culturais.

RESULTADOS

Apresentam-se, a seguir, os resultados da pesquisa realizada em 2003, que foi a primeira grande pesquisa sobre o tema avaliação de resultados de treinamento (utilizando Internet), comparada em alguns pontos com a pesquisa da ABTD de 2007 e também com a percepção da autora.

Perfil da Amostra

- **Região Geográfica (Estado)**

A amostra das 75 empresas observadas na pesquisa inicial (em seis delas houve mais de um questionário respondido) esteve 90% concentrada nos estados da Região Sudeste, conforme a Tabela 6.1 descreve. Pesquisa acadêmica de Gustavo Boog em 1980, realizada em uma época em que os questionários seguiam apenas por correio ou eram entregues em mãos, obteve uma amostra de 29 empresas, com apenas uma fora do Estado de São Paulo.

Gráfico 6.1 – Percentual de Empresas por Estado

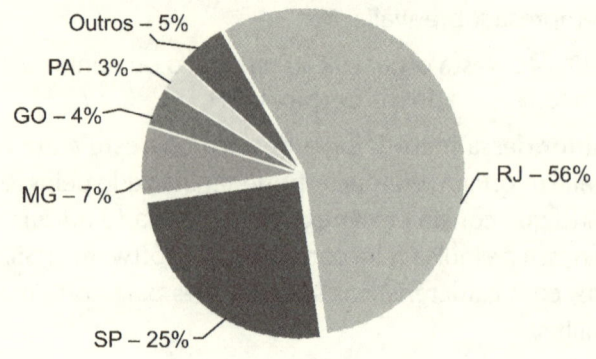

- Outros – 5%
- PA – 3%
- GO – 4%
- MG – 7%
- RJ – 56%
- SP – 25%

Tabela 6.1 – Amostra por estado

Estado	Nº de Empresas
SP	19
RJ	42
PA	2
MG	5
GO	3
PE	1
PR	1
RS	1
ES	1
Sudeste	**67**
Total	**75**

- *Cargos*

Foram citados nas respostas da pesquisa cargos relacionados à área de Treinamento, Recursos Humanos, Qualidade/Operações (onde em algumas empresas a função treinamento parece estar inserida) e também à Alta Administração.

Visando diminuir o número de níveis a serem observados, os cargos técnico, encarregado, auxiliar e assistente foram agrupados sob o nome de operacional. Entre os respondentes, havia um contador que trabalhava na área de RH de uma empresa do ramo de Educação no Rio de Janeiro, o que exemplifica que o RH já na época da primeira pesquisa já tinha mudado bastante seu perfil.

O contador foi agrupado com dois administradores, dois psicólogos, mais três especialistas, no nível especialista. Como havia apenas um presidente de empresa, este foi agrupado com quatro diretores no nível diretor/presidente. Chegou-se à freqüência por 10 níveis hierárquicos visto na Tabela 6.2.

Tabela 6.2 – Freqüência por nível hierárquico

Nível	Freqüência
Operacional	8
Supervisão/coordenação	15
Especialista	8
Consultor	4
Chefe	4
Assessoria	2
Gerência	8
Gerência geral	4
Diretor/presidente	5
Analista	25

Entre os respondentes, a maioria foi de analistas e coordenadores/supervisores, 25 e 15 respectivamente, representando 48% da amostra.

Hoje, cinco anos após a realização desta pesquisa, percebe-se uma sinergia interessante de profissões na formação do ocupante dos cargos de treinamento e educação interessados nas questões de avaliação: administradores, psicólogos, pedagogos, assistentes sociais, tecnólogos de recursos humanos, contadores, estatísticos, analistas de sistema, economistas, engenheiros, médicos, entre outros.

A equipe ideal de mensuração e avaliação dos resultados de um programa de treinamento ou capacitação passaria pela soma de alguns destes profissionais, em uma abordagem multidisciplinar.

- **Tempo de Empresa**

Quanto ao tempo de empresa, a amostra foi heterogênea, com 56% dos respondentes com menos de 5 anos de casa. Conforme pode ser visto no Gráfico 6.2, a maior parte (36%) tinha entre 2,1 e 5 anos. Em seguida, a parte mais representativa foi a de pessoas entre 5,1 e 10 anos (22%). Vinte por cento tinham menos de 2 anos.

Gráfico 6.2 – Percentual da amostra por tempo de empresa

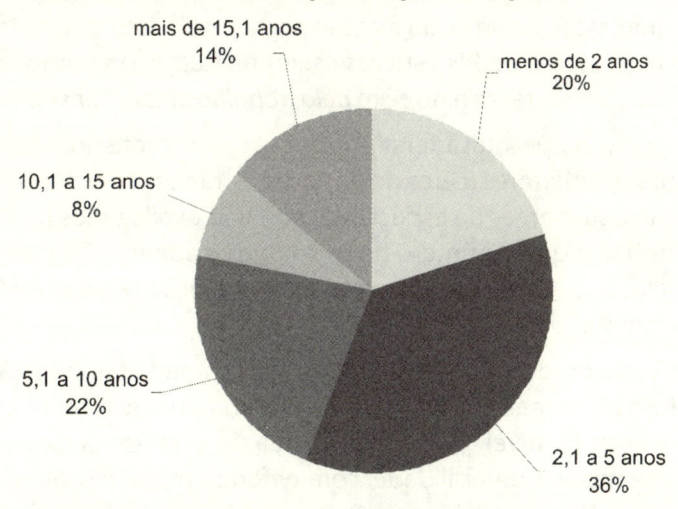

- mais de 15,1 anos: 14%
- menos de 2 anos: 20%
- 10,1 a 15 anos: 8%
- 5,1 a 10 anos: 22%
- 2,1 a 5 anos: 36%

O profissional deseja obter o conhecimento sobre mensuração do retorno do investimento em treinamento e capacitação para manter-se competitivo no mercado. Esse gráfico serve, apenas, como referência dos resultados para a amostra dessa pesquisa.

- **Nível de Escolaridade**

A amostra da pesquisa, sobre nível de escolaridade, teve o seguinte resultado: 47% dos profissionais têm pós-graduação, 34% graduação e 19% mestrado, conforme mostra o Gráfico 6.3.

Gráfico 6.3 – Nível de Escolaridade

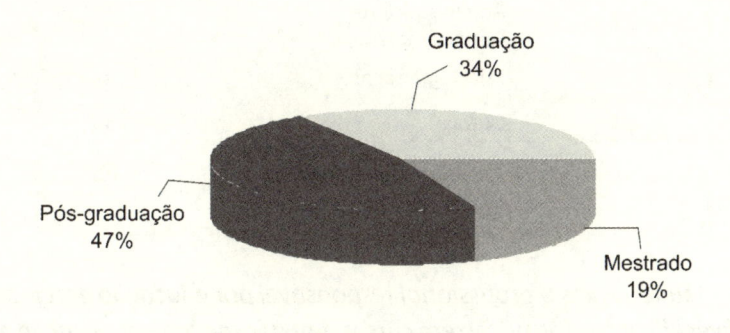

- Graduação: 34%
- Pós-graduação: 47%
- Mestrado: 19%

Pode-se supor que o alto percentual de profissionais com mestrado e pós-graduação na amostra fosse explicado pelo fato de o mercado exigir que o profissional de RH estivesse sempre atualizado (*necessidade esta que ainda existe e sustenta o respeito pelo trabalho desse profissional*).

Como na pesquisa feita por Boog, vários profissionais indicaram ter dois cursos superiores (cerca de 25 na amostra dessa pesquisa). Os níveis de instrução e suas áreas de especialização estão explicitados na Tabela 6.3. Convém destacar que o número de psicólogos e administradores dobrava, entre aqueles que manifestaram também a graduação (9 para 18 e 5 para 10, respectivamente).

A pós-graduação em RH (onde foi agrupada também Gestão de Pessoas) foi o curso mais citado, aparecendo em 26 das respostas, como o último curso feito. No nível "Outras" da Graduação estavam cursos como Economia, Engenharia, Contabilidade, com enfoque numérico, além de Pedagogia e Letras. Nos outros cursos de Pós-graduação e Mestrado, surgiram Marketing, Ensino, Gestão do Conhecimento, Engenharia e Antropologia. Em relação à pesquisa de Boog, percebeu-se que a formação do profissional responsável por treinamento estava mais diversificada.

Tabela 6.3 – Último Curso Superior

Graduação	Psicologia	9
	Administração	5
	RH e afins	4
	Outras	10
Pós-graduação	RH/Gestão de Pessoas	26
	Administração e Gestão Empresarial	4
	Psicologia e afins	4
	Outras	5
Mestrado	Administração e Gestão	10
	Outros	6

Muitas vezes o profissional responsável por educação e treinamento busca diversificar sua formação em cursos de extensão, pós-graduação e capacitações em áreas complementares à da sua primeira graduação.

Um curso que despontou após a primeira pesquisa, e que pode fazer diferença na carreira de um profissional de educação e treinamento, é o de Gerenciamento de Projetos, em cursos de pequena duração e de pós-graduação, com conceitos úteis para transformar o planejamento de RH em mais ações e resultados, em menos tempo.

O número de pedagogos em organizações e em cursos de pós-graduação de recursos humanos tem crescido para benefício do mundo acadêmico e do trabalho.

- **Tipo de Capital da Empresa**

Na pesquisa feita por Boog, em 1980, apenas 31% das empresas eram de capital nacional em sua amostra de 29, em composição distinta dessa pesquisa que teve a maioria (57%). Empresas de capital misto e de capital estrangeiro representaram 43%, conforme pode ser visto no Gráfico 6.4.

Gráfico 6.4 – Empresas da Amostra por Tipo de Capital

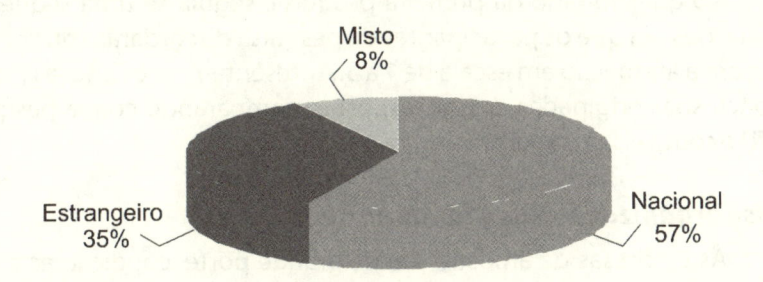

Misto 8%
Estrangeiro 35%
Nacional 57%

- **Origem da Metodologia de Avaliação**

Entre as 26 empresas de capital estrangeiro que responderam à pesquisa, apenas seis mencionaram utilizar metodologias de avaliação de treinamento que foram enviadas da matriz no país de origem. Essas empresas são todas do Rio de Janeiro, com exceção de uma consultoria multinacional que enviou sua resposta de Minas Gerais. Ao contrário do que se poderia pensar, a maioria das empresas brasileiras filiais de multinacionais na amostra não reproduz os métodos de avaliação utilizados por suas matrizes nos países desenvolvidos.

Nota-se que os modelos de avaliação importados dos Estados Unidos e de outros países, via empresas ou bibliografia, precisam ser adaptados à realidade brasileira.

Oitenta e cinco por cento dos respondentes da pesquisa da ABTD declaram usar algum método relacionado aos 5 níveis de Kirkpatrick e Phillips.

- **Conhecimento prévio sobre o retorno do investimento em treinamento**

Entre as 75 empresas, apenas 14 não tinham em seu quadro pessoas com conhecimento prévio sobre o tema, com 81% das empresas contando com pessoas que conheciam, em diferentes níveis de aprofundamento, o ROI de treinamento.

Na época da pesquisa, esse alto percentual já indicava que hoje, se a mesma pergunta fosse feita, esse número tenderia a zero, dada a exposição que o assunto tem tido na mídia mais recentemente. Nas palestras, cursos e aulas que tenho ministrado, encontrei algumas pessoas que leram a 1ª edição e, para muitas delas, foi seu primeiro contato com o tema.

No questionário da primeira pesquisa, seguia-se uma seqüência de afirmações em que os participantes da pesquisa discordaram ou concordaram com a afirmação em escala de 1 a 5. Apresentam-se os aqui as principais conclusões originadas dessas respostas, comparando com a pesquisa da ABTD e com a visão da autora.

- **Nossa organização é de grande porte**

As empresas da amostra são de grande porte, condição esta que seria facilitadora para aquelas que desejarem calcular o ROI de treinamento.

A pesquisa da ABTD consultou representantes de empresas com até 200 empregados (28% da amostra) e com um número de empregados acima de 1.000 (35,9%). Empresas grandes podem ter maior necessidade de comprovar o valor do retorno do que foi investido em seus programas de capacitação, mas empresas pequenas também podem ter cobrança maior ou igual, inclusive por seus clientes.

- **Nossa organização tem a cultura de mensuração de resultados**

Na percepção dos participantes da pesquisa, eles não concordavam ou discordavam que a maioria das empresas tivesse cultura de mensuração de resultados.

Essa observação à época levou o leitor a alguns pontos de reflexão – RH precisa estar mais ciente dos resultados da organização? RH está alinhando suas atividades às estratégias da empresa? Tem mostrado resultados do que faz, como as demais áreas organizacionais?

- **Nossa organização faz mensurações na área de RH**

    A resposta dos participantes da pesquisa foi muito semelhante à da questão anterior, ou seja, ficaram neutros (não concordando nem discordando da afirmação), o que mostrou que o departamento de RH refletia a visão dos participantes quanto à empresa, ou seja, possivelmente não muito preocupada em medir resultados na área de recursos humanos, ou, em uma perspectiva mais otimista, começando a se preocupar.

    Vale acrescentar que muitos gostariam de fazer, mas por não saberem medir o impacto dos seus programas em RH, ou por não terem tempo para isso, podem ter "parado no meio do caminho". É preciso fomentar a linha de pesquisa acadêmica em mensuração de resultados em RH a partir de casos reais de empresas, para que mais organizações no Brasil possam melhorar a demonstração dos resultados de seus programas.

- **A Diretoria tem pressionado no sentido de justificar o investimento em RH**

    Ainda não havia com nitidez uma pressão da Diretoria por resultados em RH, o que ratificava a informação das variáveis de cultura de resultados da organização e cultura de resultados em RH.

    Com a necessidade de comprovar a eficácia, a pressão evoluiu para um pedido, manifestando muitas vezes um desejo ou até súplica, no qual gestores de treinamento e educação nas organizações têm solicitado/buscado ajuda.

- **Já experimentamos no passado mais de um treinamento que não obteve sucesso**

    Quanto à existência de mais de uma experiência de treinamento que não teve sucesso, outra condição indicativa de empresa preparada para medição de ROI, mais uma vez os participantes, na média, não concordaram ou discordaram que existissem exemplos nas suas empresas. Porém, as notas ficaram muito dispersas em relação à média, ou seja, variaram muito entre seu mínimo e máximo, demonstrando a existência de algumas empresas que já tiveram fracassos em T&D.

Felizmente, o resultado encontrado indica que os efeitos da Lei 6.297 de 1975, revogada em 1990 (aquela que permitia dedução em dobro das despesas de treinamento no imposto de renda) podem ter sido minimizados, com as empresas gastando menos dinheiro em projetos de treinamento fracassados, pela consciência disso, ou ainda pela necessidade de reduzir custos.

Nas palestras pelo Brasil, quando assumo que tive fracassos em T&D ou pergunto se os ouvintes tiveram, vejo muitas cabeças afirmando positivamente no auditório. Reconhecer que existiram e evitar que eles se repitam é exemplo de sabedoria. Sabendo o que é fracasso é mais fácil medir o que é sucesso.

- **Os clientes internos cobram resultados de nossos programas de treinamento**

    Apesar de não existir, segundo os resultados anteriores da pesquisa, indicação de ambiente que estimulasse mensurações na área de T&D, os profissionais que responderam à pesquisa já sentiam que o cliente interno (o funcionário ou a área responsável pela demanda de treinamento dentro da empresa) já começava a cobrar resultados dos treinamentos solicitados. A análise caso a caso poderia prover a informação se o investimento em treinamento é um custo do setor responsável por treinamento ou de cada área solicitante, o que nessa última opção teria impacto direto nos resultados da área. Porém, mesmo sendo um custo não relacionado ao centro de custos da área solicitante, os custos indiretos de afastar um funcionário para um treinamento (se durante o expediente normal de trabalho) também poderiam justificar esta cobrança.

    Nem todas as organizações brasileiras possuem clientes que cobram. Porém, mostrando aos clientes o valor do retorno do investimento das soluções desenvolvidas pelos núcleos de educação e treinamento, garante-se apoio para ações futuras – desde o início de um novo programa à medição mais facilitada de um já existente.

- **Os programas de treinamento estão relacionados à estratégia organizacional**

    Na percepção dos participantes, os programas de treinamento estão relacionados à estratégia organizacional, o que reforça o resultado da pergunta sobre a existência de fracassos na área de treinamento.

Este é o primeiro questionamento a ser feito no nível 0 – Embasamento Estratégico, no modelo desenvolvido pela autora.

- **Fazemos avaliação da satisfação em todos os nossos programas de treinamento**

   A média encontrada nesta resposta foi alta, o que confirmou a percepção desta autora de que a avaliação de reação é feita na maioria dos programas, independente da qualidade dos formulários e dos métodos utilizados.

   Pesquisa ABTD 2007: 92,4% para o nível 1 de Kirkpatrick e Phillips.

- **Medimos a aprendizagem em todos os nossos programas de treinamento, com provas de final de curso para avaliar o ganho de aprendizagem, por exemplo**

   É importante ressaltar que o uso de exemplo teve o intuito de guiar o respondente ao que seria este tipo de avaliação, já que o formulário não permitia esclarecimento de dúvidas, por ter sido realizado por *e-mail* e não em uma entrevista.

   A avaliação de aprendizado, na percepção dos participantes, não era uma prática difundida, já que a média das respostas se situou entre o "discordo" e o "não concordo nem discordo".

   Pesquisa ABTD 2007: 52,5% para o nível 2, na escala dos autores anteriormente mencionados. Não muito distante da sugestão de Patricia Phillips (2002) de que 70% das organizações deveriam medir a aprendizagem.

- **Somos capazes de enumerar mudanças no comportamento no trabalho após os treinamentos, como avaliação do superior hierárquico ou avaliação de desempenho, por exemplo**

   De forma similar ao segundo nível de avaliação, o aprendizado na escala de Kirkpatrick, a avaliação de comportamento também não era uma prática comum, na observação da amostra.

   Pesquisa ABTD 2007: 18,4% para o nível 3, de aplicabilidade no trabalho/mudança de comportamento.

   Para facilitar a análise dos níveis 4 e 5 (resultados e ROI, respectivamente, nas escalas de Kirkpatrick e Phillips), duas observações foram agrupadas na análise dos resultados da pesquisa.

1ª *Fazemos algum tipo de mensuração das mudanças proporcionadas pelo treinamento no resultado do negócio, avaliando aumento de produtividade, diminuição de produtos rejeitados, por exemplo.*

2ª *Medimos o retorno do investimento feito em nossos programas de treinamento com valores monetários, comparando custos×benefícios.*

Os respondentes discordaram que os programas de treinamento de sua empresa fossem avaliados em termos de resultados e de ROI (as médias encontradas foram muito próximas).

O resultado da primeira pesquisa condiz com o que a pesquisa da ABTD revelou no ano de 2007: 5,4% das empresas respondentes declararam fazer medição no nível 4 (Resultados) e 2,4% no nível 5 (ROI).

- **Sinto que o treinamento colabora com as demais estratégias da empresa no aumento do desempenho do negócio**

    A percepção do treinamento colaborando com outras estratégias para o aumento do desempenho do negócio foi positiva (grau ligeiramente superior a 4, na escala de 1 a 5), indicando que as pessoas que participaram desta pesquisa concordavam que esta afirmação fosse verdadeira em suas empresas.

    Com programas alinhados às estratégias da organização, é normal que essa percepção aconteça, quando um trabalho eficaz e eficiente é desenvolvido e pode atestar seus resultados por meio de uma avaliação de impacto, isolando ou não o efeito produzido por educação e treinamento, já que colaborar com outras estratégias já é mais do que válido.

- **Sinto que todos os programas de treinamento têm relação com a melhoria do negócio**

    Como no item anterior, os respondentes sentiam a importância desses programas na melhoria do negócio.

- **O RH e o Supervisor do funcionário sentem uma melhora no desempenho deste após o curso**

    A percepção do desempenho dos treinandos após o programa de treinamento obteve uma média de 3,68, indicando que o RH e o supervisor do funcionário não sentem tão facilmente esta melhoria, na percepção da amostra. Esta afirmação checa a afirmação sobre avaliação do nível 3, mudança de comportamento, em que esta demonstrou não ser uma prática comum nas empresas da amostra. O leitor perceberá que algumas observações são semelhantes, o que é feito propositadamente, para checar a veracidade das respostas do questionário.

Se a relação treinamentos × melhorias no negócio é positiva e percebível, a melhoria do desempenho após um programa de treinamento/capacitação ainda não é facilmente percebida. Se o RH já avançou bastante na cultura da avaliação de desempenho, está na hora de aproveitar esse conhecimento em educação e treinamento também, capacitando os avaliadores a medir e fazer o relacionamento entre o conteúdo ministrado e a mudança no processo em que atua o participante, nos resultados produzidos etc.

- **A área de treinamento trabalha com indicadores de resultado em treinamento para todos os programas desenvolvidos**

Esta também não foi uma prática comum observada nas empresas dos respondentes. A existência de indicadores de resultado em treinamento facilita sua observação; logo, é surpreendente que, em uma amostra representativa dos profissionais de T&D como a desta pesquisa, não tivesse sido encontrada uma média positiva em relação a esta afirmação.

A ABTD destacou, na divulgação de sua pesquisa anual de 2007, que indicadores de desempenho foi o formato preferido das organizações na hora de medir os impactos de T&D, de 33 para 44% de um ano para o outro.

- **O investimento em treinamento é percebido como relevante para o desempenho organizacional**

A resposta média bem próxima de 4 ("concordo") indicou que quase há uma percepção de que o investimento em treinamento é relevante para o desempenho organizacional.

Companhias que são líderes nos seus segmentos de atuação ou que cresceram rapidamente no mercado investem muito em pesquisa, desenvolvimento e na capacitação de sua equipe.

- **Todos os treinamentos são contratados pelo setor de Recursos Humanos/Treinamento**

Na variável que verificou se os treinamentos eram contratados pelo setor de RH ou T&D, a média obtida foi 4, o que indicou que esta responsabilidade era, muitas vezes, na maioria das empresas, desse setor. Logo, podia-se julgar que era possível conhecer, mais facilmente, o valor dos programas contratados na hora de calcular os custos do ROI.

- **Todos os treinamentos são aprovados pelo setor de Recursos Humanos / Treinamento**

Esta média teve um valor pouco menor em relação à anterior (3,7), com um desvio-padrão maior (1,27), o que indicou maior dispersão dos dados indicando como resultado que os programas de treinamento da organização podem ser ou não aprovados por RH, dependendo de cada caso.

Em empresas de grande porte, muitas atividades de treinamento talvez se desenvolvam diretamente pelos departamentos ou unidades de negócio, sem acompanhamento específico da área de RH corporativa. Essa dificuldade pode prejudicar a precisão do montante investido em treinamento.[3]

Com o departamento responsável por educação e treinamento na organização alocando os custos e aprovando os programas, ou não, centralizadamente ou não, é preciso zelar pela melhoria dos processos de gestão de custos, pelo alinhamento estratégico dos programas e pela parceria estabelecida com os setores responsáveis pela contabilidade e finanças, de modo geral, pensando na facilitação de medições futuras. Há exemplos de organizações com verdadeiros "departamentos" de gestão (ou até 1 pessoa!), dentro da gerência de treinamento e desenvolvimento ou do órgão de educação corporativa.

- **A alta administração se envolve no planejamento dos programas de treinamento**

A média encontrada (3,43) não foi tão alta, o que indicou que, para os respondentes, a alta administração, às vezes, se envolve no planejamento dos programas de treinamento. Pode-se dizer que o comprometimento da alta gerência, necessário para o cálculo do ROI[4], ainda não é satisfatório.

Com a alta administração indicando suas necessidades no embasamento estratégico (nível 0 do modelo da autora) e se maximizando o conhecimento do RH em temas como o planejamento estratégico da empresa (conheci exemplo de empresa em que o RH era responsável por organizar essa reunião), o alinhamento estratégico estaria ainda mais garantido. A alta gerência deveria também aprovar o planejamento de todos os programas.

- **Sentimento do respondente em relação ao grau de dificuldade do cálculo do ROI de treinamento**

    A média 3,7 refletiu que a percepção dos respondentes quanto à dificuldade de cálculo do ROI variou entre "nem fácil e nem difícil" e "difícil", em uma posição mais próxima de "difícil", o que leva à consideração de que o que não se pratica parece ser difícil.

- **Sentimento do respondente em relação à importância do cálculo do ROI de treinamento**

    Nesta afirmação, a média foi 4,59, com o menor desvio-padrão encontrado na amostra (0,67), o que indica pouca dispersão dos dados, ou seja, que as notas estão concentradas em torno do valor 4,59. A maioria dos respondentes, apesar de não obrigatoriamente calcular o ROI para seus programas de treinamento e de não ter o costume de mensurar resultados tanto na organização como um todo quanto na área de RH, percebeu que o cálculo do ROI é importante.

    A maioria das organizações brasileiras entende que é importantíssimo calcular o retorno do investimento em treinamento, formação profissional e capacitação, de modo geral. E já não há mais tanta gente que acha difícil calcular, ainda que poucas pessoas estejam fazendo ou compartilhando.

ROI DE TREINAMENTO É IMPORTANTE, MAS POUCAS EMPRESAS BRASILEIRAS FAZEM SEU CÁLCULO

Através do uso de teste de hipótese em Estatística, a primeira pesquisa comprovou por números (não explicitados aqui por estarem em linguagem "estatística", para facilitar a leitura), que poucas empresas brasileiras têm aplicado sistemas de mensuração do retorno do investimento em treinamento. Mas também comprovou que o investimento em treinamento é percebido como relevante para o desempenho organizacional, conforme pode ser observado nos comentários, o que prova que existe uma mentalidade preparada para implementar o cálculo do ROI. Faltava, talvez, um empurrãozinho... e algumas empresas hoje já começaram a decolar, fazendo esse cálculo.

A utilização de Estatística é altamente recomendada em avaliação. Como exemplo, a primeira pesquisa utilizou a análise fatorial, combinada com outras ferramentas menos conhecidas, formando três grupos para classificação das empresas participantes, de uma maneira diferente da soma dos pontos utilizado no score apresentado anteriormente.

No terceiro grupo, situaram-se três empresas que consideraram a mensuração do cálculo do ROI mais difícil (em relação às empresas dos outros dois grupos) e que perceberam também seu cálculo como mais importante. Essas empresas foram a RJ22 e a RJ40, relacionadas à Educação e Pesquisa (sendo a primeira pública) e a RJ17, órgão do Governo Federal, informações estas que foram citadas pelos respondentes ou observadas pela autora. No *score* adaptado de Phillips, estas mesmas três empresas situaram-se na classe C, em que há a recomendação de melhorias na organização no que diz respeito à atitude e à abordagem quanto aos programas de RH/T&D e sua avaliação.

Tabela 6.4 – Grupo 3

Codinome	Setor	Classificação Phillips
RJ17	Governo	C
RJ22	Educação	C
RJ40	Educação	C

Fonte: Adaptação da autora com base em Phillips (1991).

No segundo grupo, onde a percepção de dificuldade foi a menos difícil dos três grupos e a importância do cálculo do ROI ficou no nível intermediário entre os grupos 1 e 3, classificaram-se 58% das empresas. A comparação com o *score* adaptado de Phillips dividiu as empresas do grupo 2 entre os grupos A e B, com apenas uma exceção, a GO3, classificada como C. A situação da empresa GO3 era de desinvestimento em treinamento porque as operações da unidade produtiva poderiam ser encerradas em breve, devido a restrições governamentais, fato de conhecimento da autora.

É importante ressaltar que as indústrias apontadas servem apenas como referência ao leitor, não sendo possível traçar qualquer inferência sobre o seu comportamento devido à pouca quantidade de empresas por indústria.

A única empresa que apresentou um exemplo numérico de cálculo do ROI no questionário classificou-se nesse grupo: é do ramo de telecomunicações, codinome RJ41, classificada como A no *score*, exemplo explicado no capítulo seguinte.

Tabela 6.5 – Grupo 2

Codinome	Setor	Classificação
SP1	Energia	B
PA1	Metalurgia, Siderurgia	A
RJ1	Telecomunicações	B
RJ3	Química	B
MG2	Metalurgia, Siderurgia	B
RJ4	Telecomunicações	B
RJ6	Energia	B
GO1	Cimento	B
SP4	Metalurgia, Siderurgia	A
RJ9	Serviços	B
MG3	Consultoria	A
RJ10	Energia	B
RJ12	Consultoria	B
RJ13	Farmacêutico	B
SP5	Automotivos e correlatos	B
SP7	Federação	B
RS1	Alimentos e Bebidas	B
RJ16	Entretenimento	B
RJ18	Energia	B
RJ19	Entretenimento	B
RJ23	Energia	B
SP8	Vestuário	A
RJ24	Transporte e Logística	B
GO2	Agroindústria	A
RJ26	Automotivos e correlatos	B
RJ27	Energia	B
ES1	Bens de Consumo	B
MG5	Transporte e Logística	B
SP10	Agroindústria	B
RJ30	Alimentos e Bebidas	A

(Continua)

Tabela 6.5 – Grupo 2 (Continuação)

Codinome	Setor	Classificação
RJ31	Farmacêutico	B
SP13	Transporte e Logística	B
GO3	Mineração	C
SP14	Metalurgia, Siderurgia	B
RJ33	Varejo	B
RJ34	Energia	B
RJ38	Energia	B
RJ39	Transporte e Logística	B
SP16	Serviços	B
SP17	Telecomunicações	B
SP18	Consultoria	B
SP19	Eletrônicos	B
RJ41	**Telecomunicações**	**A**
RJ42	Automotivos e correlatos	B

Fonte: Adaptação da autora com base em Phillips (1991).

O grupo 1 foi o que achou relativamente difícil medir o ROI, em nível intermediário entre os outros dois grupos. O grupo 1 também considerou o cálculo do ROI importante, porém na menor escala dos três grupos. As empresas deste grupo foram classificadas, segundo o *score* de Phillips, em B e C.

Tabela 6.6 – Grupo 1

Codinome	Setor	Classificação
SP2	Saúde	B
MG1	Engenharia	C
RJ2	Telecomunicações	B
PA2	Financeiro	C
RJ5	Tecnologia da Informação	C
SP3	Seguros	C
PE1	Transporte e Logística	B

(Continua)

Tabela 6.6 – Grupo 1 (Continuação)

Codinome	Setor	Classificação
RJ7	Alimentos e Bebidas	B
RJ8	Engenharia e Construção	B
PR1	Metalurgia, Siderurgia	B
RJ11	Telecomunicações	B
SP6	Alimentos e Bebidas	B
RJ14	Saúde	B
RJ15	Metalurgia, Siderurgia	C
RJ20	Tecnologia da Informação	C
RJ21	Educação	C
MG4	Engenharia e Construção	B
SP9	Automotivos e correlatos	B
RJ25	Tecnologia da Informação	C
RJ28	Comunicação	B
SP11	Financeiro	B
RJ29	Energia	B
SP12	Tecnologia da Informação	B
RJ32	Educação	B
RJ35	Energia	B
RJ36	Engenharia e Construção	B
SP15	Alimentos e Bebidas	C
RJ37	Financeiro	C

Fonte: Adaptação da autora com base em Phillips (1991).

ANÁLISE QUALITATIVA DAS RESPOSTAS

Qualquer resultado de avaliação deve considerar também os comentários feitos pelos participantes, até porque é necessário esmiuçar detalhes que os números não expressam.

A resposta da pesquisa, 83 questionários válidos (retornados e preenchidos corretamente), representou mais do que o dobro do que havia sido esperado. Os 600 questionários enviados (sendo excluídos deste número endereços de *e-mail* incorretos e questionários repassados por outros que não a autora), obtiveram como índice de resposta 14,3%, considerado ótimo para uma pesquisa acadêmica.

A receptividade no meio de RH e T&D, não só no Rio de Janeiro, mostrou que a amostra considerou importante responder a uma pesquisa sobre o tema ROI de treinamento. Muitos se manifestaram com palavras de incentivo no questionário ou no corpo do *e-mail* enviado.

Uma dessas manifestações de incentivo veio de M.J.M., Administradora, 30 anos de serviço público na empresa RJ9 (classificação 2 B, como resumiremos a partir de agora, o que significa que a empresa foi classificada no grupo 2 desta pesquisa e no grupo B do *score* adaptado de Phillips), que escreveu: "Gostaria de parabenizá-la pela escolha do tema. Realmente você buscou pesquisar uma grande dificuldade da nossa área, pela qual somos cada vez mais cobrados e que tem estado na base de muitos 'nãos' que recebemos quando buscamos o aval ($) para implementação de um projeto de T&D".

Além de mostrar simpatia pelo tema escolhido para ser pesquisado, a afirmação dessa administradora do serviço público indicou que ela acreditava que o cálculo do ROI poderia ajudar sua área de treinamento a obter maior comprometimento por parte de seus superiores.

Vale ressaltar que as pontuações e as classificações atribuídas a cada empresa podem conter o viés da opinião individual de quem respondeu o questionário. Sete empresas tiveram mais de um questionário respondido, ou seja, mais de um funcionário fornecendo resposta sobre ela. Houve o cuidado de verificar que as pontuações atribuídas não tiveram nenhuma grande discrepância (exemplo: uma pessoa atribuir 1 e outra 5) em uma mesma pergunta.

Quanto às respostas das perguntas relativas à escala de Kirkpatrick, notou-se em alguns casos uma nota na questão relativa ao nível 3 (comportamento) maior do que a nota atribuída no nível 2 (aprendizado), o que leva a crer que muitos podiam estar contrariando a sugestão de seguir cada um dos passos no processo de cálculo do ROI, na ordem. A avaliação no comportamento pode ter tido pontuação superior à de aprendizagem porque esta leva mais tempo em sua confecção e aplicação, além do terceiro nível poder ser observado em uma avaliação de desempenho, prática comum no meio de RH. *No entanto, a pesquisa da ABTD realizada em 2007, mostra que, na amostra de mais de 300 empresas, 52,5% fazem avaliação de aprendizagem e 18,4%, avaliação de mudança de comportamento.*

Um fato que chamou a atenção na pesquisa foram algumas empresas vinculadas a ensino e educação atribuírem-se, na escala *likert*, grau 2 (discordo) ou 3 (não concordo nem discordo) na pergunta referente a avaliações de aprendizagem. A maioria delas possivelmente realiza avaliações desse nível com seus alunos, pelo menos no final do semestre, seja por prova, teste, trabalho de grupo ou avaliação individual do aluno pelo professor, ou uma combinação destes. Talvez os respondentes não tenham entendido a pergunta ou não tenham percebido que os alunos também podem ser considerados clientes e que cada disciplina de um curso acadêmico pode ser entendida como um programa que pode ter sua eficácia medida, quanto ao nível 2 na escala de Kirkpatrick.

Apenas em oito empresas, os respondentes marcaram 4 ("concordo") ou 5 ("concordo totalmente") na questão relativa à mensuração do ROI, porém ao serem solicitados na questão aberta para escreverem um exemplo prático, não escreveram (por não terem entendido o que era ROI, por inexistência de exemplos ou preguiça/falta de tempo) ou escreveram algo que não exemplifica em termos numéricos o cálculo do ROI. Um dos respondentes, empresa classificada como 2 A, que marcou 4 (concordo) nesta afirmação, chegou a contradizer-se: "Não existe nenhum programa que tenha sido calculado o ROI".

Alguns depoimentos, no espaço destinado a questão aberta, abordaram a importância do ROI de treinamento e os problemas para conseguir mensurá-lo. Veja se o leitor não compartilha de opiniões semelhantes...

M.S.R., psicólogo com pós-graduação em RH, Gerente de Treinamento e Desenvolvimento na empresa RJ2, classificada como 1 B, desabafou: "Acredito que a falta de um trabalho sério, no retorno de treinamento, seja o maior motivo hoje para a diminuição nos investimentos em educação nas empresas".

R.B.F., Analista júnior, engenheiro, 2 anos na empresa RJ4 (classificação 2 B) chamou a atenção: "Acredito que a cultura de mensuração do investimento em treinamentos e análise de retorno ainda precisa ser disseminada nas empresas, de forma a demonstrar a importância dessa metodologia."

C.R.S.P., Analista de RH que conhecia o ROI a partir de várias fontes de informação, na empresa RJ37 (classificada nos grupos 1 e C, onde melhorias são necessárias para calcular o ROI), ressaltou a importância e o desejo de conseguir calculá-lo: "...ainda não praticamos este cálculo em nossa empresa. Sabemos da importância, mas a mensuração de resultados ainda não foi totalmente absorvida como estratégia de RH. Estamos 'engatinhando', mas chegaremos lá".

D.S., Supervisora de Treinamento, 1 ano e meio na empresa de capital misto RJ38, destacou que as atividades do dia-a-dia dificultam o processo e utilizou um dito popular para exemplificar a importância: "Acredito que a melhor maneira de obter maiores recursos para investir em treinamento é mensurar os resultados, apresentá-los em números. Porém as prioridades diárias fazem com que essa mensuração fique em segundo plano. Tenho bastante interesse em me aprofundar um pouco mais sobre algo tão importante: 'Tudo que se mede, prospera'".

O envolvimento da alta gerência e da supervisão é importante, seja na hora de "vender" o programa, prepará-lo, desenvolvê-lo ou aprová-lo. A importância deste comprometimento está implícita no depoimento de C.A.S, Analista de RH da empresa SP17 (grupo 2 B): "No ano de 2001 elaboramos um projeto para o biênio 2001/2002 chamado ... onde calculamos os custos do programa. No entanto, a empresa passou por um processo de fusão com uma multinacional, o que inviabilizou totalmente a realização do programa, pois ficamos praticamente parados aguardando o processo se concretizar e, conseqüentemente, conhecer as novas diretrizes da empresa. A fusão não se concretizou e o programa não saiu do papel."

A mudança na abordagem do departamento de RH para medir resultados apareceu em três questionários, sendo o último muito bem detalhado.

A.A.R.B., Especialista em Treinamento e Desenvolvimento, 8 anos na empresa MG4, classificada como 1 B, com ótimo conhecimento prévio de ROI de treinamento, informou que pretendia utilizar a experiência de sua empresa para um estudo de caso em sua monografia sobre ROI de treinamento. Escreveu: "Ainda não temos um resultado prático. Temos um evento no plano de treinamento para 2003 que prevê o cálculo do retorno sobre o investimento. O resultado esperado é a redução do custo com a manutenção corretiva".

Sua resposta concordou com a metodologia de Jack Phillips, que coloca como primeiro estágio o planejamento da avaliação, que também apareceu na observação de P.P., contadora com pós-graduação em RH e

Marketing, com todas as fontes sobre ROI exceto congresso internacional, Analista de Treinamento, 6 meses na empresa nacional SP8, classificada nos grupos 2A, que informou: "Na empresa estamos implantando neste ano o LNT (levantamento das necessidades de treinamento), as avaliações e a mensuração de resultados. No passado não tínhamos nada, apenas se executavam os pedidos de treinamento que chegavam até o RH".

A Analista de RH F.G.P., recém-contratada na empresa RJ24, grupos 2 B, forneceu um exemplo detalhado do que planeja implementar, citando livro da bibliografia utilizada na pesquisa, mostrando como aplicar o que aprendeu no trabalho visando resultados (transferência do nível 2 para o nível 3, visando resultados de nível 4 na escala de Kirkpatrick, se comparado). Seu depoimento:

"Como estou na empresa há pouco tempo, pretendo ainda implementar algumas ações, baseadas na pós que cursei em Gestão do Conhecimento e Capital Intelectual. Estou pensando também em aproveitar alguns exemplos do livro "O Retorno do Investimento em Capital Humano", do autor Jac Fitz-enz (o fundador do *Saratoga Institute*). Seguem algumas métricas que estão em fase de aprovação para fornecimento para os Gerentes:

1) Indicadores de Eficácia Mensais: Custo Orçado Anual × Custo Realizado até a data; Custos Realizados não orçados; Freqüência e desempenho dos funcionários; Custos abonados pelos gerentes em exceção aos Critérios de Manutenção dos Benefícios; Avaliação dos cursos realizados pelos funcionários; Pendências dos funcionários (diplomas, pontualidade dos pagamentos, avaliação dos cursos etc.).

2) Indicadores de Eficácia Anuais: Metas realizadas PL × Metas do PL; Variação do Investimento em Treinamento GL × Variação do Lucro Líquido por Funcionário GL; Variação do Investimento em Treinamento por área × Variação do Lucro Líquido por área; Investimento de treinamento × Nº de funcionários; Investimento em Treinamento × Folha de pagamento; Graduações investidas; Pós-graduações investidas; Idiomas investidos."

Ao ser questionado se existia algum programa de treinamento na sua empresa em que tenha sido calculado o ROI, J.T.C., Gerente de Treinamento e Desenvolvimento para a América do Sul, com bom conhecimento de ROI (inclusive em congresso internacional), com mais de 20 anos na empresa RJ26, classificada nos grupos 2 B, respondeu:

"Em nossa empresa, nunca foi utilizada uma fórmula numérica para o cálculo desse retorno. O que utilizamos é uma avaliação feita pelos membros do corpo gerencial e de Direção quanto à contribuição dos treinamentos realizados para os resultados da empresa. Na minha opinião, um bom processo de identificação da necessidade (associado sempre às competências estratégicas da empresa), seguido de um programa de treinamento de boa qualidade e com bom aproveitamento do participante é suficiente na maioria dos casos, já que os métodos de medida do retorno do investimento de treinamento que conheço, mesmo buscando uma abordagem numérica, contêm forte dose de julgamento subjetivo e de influências de outros fatores alheios ao treinamento em si mesmo".

A combinação de dados quantitativos com dados qualitativos é o ideal. O ROI não se mede só em números. É melhor mostrar resultados subjetivos do que não mostrar resultados. E se não é possível dizer que o programa de educação/treinamento é o único responsável, já é válido mostrar que ele auxilia outras iniciativas da empresa.

Seis pessoas tiveram respostas semelhantes a "Ainda não", o que mostrou predisposição para calcular o ROI de treinamento, como:

- "Ainda não fazemos." (T.R.T.S., Analista de RH, 2 anos na empresa RJ8, classificada nos grupos 1 B, com várias fontes de informação sobre ROI de treinamento.)

- "Conhecemos a metodologia do ROI, porém ainda não a utilizamos."(A.L.P., psicóloga, administradora, com pós em RH na Gestão de Negócios, Analista de Treinamento na empresa de energia SP1, grupos 2 B).

- "Nenhum de nossos treinamentos teve cálculo de retorno do investimento. Essa é uma luta que estamos travando tentando conquistar inicialmente nossos coordenadores." (B.M., Supervisora de Equipe, psicóloga, 20 anos na empresa PA2, classificada como 1 e C, onde melhorias são necessárias para implementação de mensuração de ROI de treinamento.)

Três respondentes foram sinceros ao dizer que não calculam o ROI de treinamento, apontando inclusive problemas. A.A.P., Analista de RH com 5 anos na empresa nacional ES1, classificada como 2 B, que figurava entre as 100 empresas do Guia "100 melhores empresas para se trabalhar ", da Revista Exame, explicou: "Em nossa empresa, avaliamos a efetividade de treinamentos com carga horária superior a oito horas, mas não avaliamos o retorno financeiro".

S.R.C., Analista de Desenvolvimento de Recursos Humanos, seis anos de empresa SP9, classificada no grupo 1 e B, abordou a falta de um método com embasamento teórico: "Infelizmente não temos qualquer programa no qual foi avaliado o ROI; fazemos estas análises sem método e informalmente".

E.Z., Gerente de RH, há cinco anos na empresa multinacional RJ18 da indústria de energia, respondeu e explicou por que sua empresa não faz: "Não. Em empresas como a nossa, que é responsável pelo desenvolvimento de um projeto com cronograma de execução, pouco treinamento é oferecido. O tempo é um fator extremamente importante e os profissionais devem ter o perfil exato quando da sua admissão para assumir suas tarefas de imediato". A afirmação não confirma a classificação no grupo 2 da metodologia dessa pesquisa (onde o cálculo de ROI é considerado menos difícil) e do grupo B do *score* de Phillips (que coloca a empresa como atenta à questão da avaliação de treinamento).

Dois representantes de empresa responderam que "sim", mas não explicaram com exemplos numéricos. F.B, administrador, pós-graduado em Finanças, Mestrado em Administração, Gerente de RH, mais de cinco anos na empresa RJ6, de energia, classificada como 2 e B, com aparente conhecimento numérico, escreveu: "Sim. Retorno sobre os erros de medição antes e após os treinamentos oferecidos. Houve uma sensível melhoria, que pôde ser mensurada em termos financeiros. Estamos, inclusive, realizando um Projeto de Certificação de todos os nossos colaboradores externos, isto é, de empresas terceirizadas. É um projeto de alta relevância, e irá proporcionar por meio da qualificação e do monitoramento dos resultados obtidos, sensíveis ganhos financeiros oriundos da redução dos custos de não-conformidade".

D.A., Gerente de RH, há dois anos na empresa RJ30, do ramo de indústrias e bebidas, classificada como grupo A, o primeiro grupo no *score* de Phillips, disse: "Sim. Estamos investindo pesado em treinamentos gerenciais e desenvolvimento de competências gerenciais. Estou trabalhando com treinamento ao ar livre e o investimento nos proporcionou um enorme envolvimento em trabalhos de equipe. O custo de translado, material didático, hospedagem e hora-homem nos ficou irrisório diante dos ganhos".

As seguintes citações de Donald Kirkpatrick e Jack Phillips confirmaram o resultado da pesquisa de campo:

"Todo mundo fala, mas ninguém faz nada a respeito. Quando Mark Twain disse isso, ele estava falando sobre o tempo. Mas isso também se aplica à avaliação – bem, quase".[5]

"Em se tratando de mensuração e avaliação, ainda aparenta haver mais conversa do que ação".[6]

É possível dizer que no Brasil já há gente fazendo algo a respeito e agindo!

Notas do Capítulo 6

1 Sincich, 1995.
2 Phillips, J., 1991, p.16.
3 Becker, Huselid e Ulrich, 2001.
4 Phillips, P., 2002.
5 Tradução de Kirkpatrick, D., 1994, p. 71
6 Tradução de Phillips, J., 1991, p. 5.

Capítulo 7

CASOS DE MENSURAÇÃO DE ROI DE TREINAMENTO, CAPACITAÇÃO E FORMAÇÃO PROFISSIONAL

Neste capítulo, apresentam-se cinco casos de mensuração do retorno do investimento de programas de treinamento, capacitação e formação profissional, em diferentes estágios, graus de complexidade e abordagens.

TREINAMENTO DE VENDAS EM FRANQUIAS/REVENDAS

Este primeiro caso é o mais simples deste capítulo, permitindo ao leitor, a partir da leitura dos próximos, aumentar sua visão estratégica sobre o tema e traçar paralelos com exemplos da sua realidade. É também o exemplo mais clássico de ser encontrado na literatura e o mais fácil de calcular, pois os resultados de vendas estão normalmente disponíveis.

Em um exemplo verídico, onde se mudam apenas os valores para preservar a confidencialidade do negócio (como em outros casos do capítulo) e facilitar o cálculo, descreve-se o treinamento para vendedores de botijão de gás, produto que poderia ser substituído por outros de venda a varejo. Poderia ser aplicado também na venda industrial e de serviços.

Neste exemplo de treinamento, 10 vendedores foram treinados em uma sala disponível na revenda de botijão de gás durante 4 horas de um sábado à tarde, já que o negócio não podia parar – estes motoristas-vendedores que passam com o caminhão na casa do consumidor não podiam ficar parados, porque não haveria venda naquele dia.

O instrutor foi o consultor comercial da distribuidora de gás que teve sensibilidade suficiente para entender que era melhor que ele trabalhasse no sábado para não prejudicar as vendas do revendedor. O treinamento era um serviço oferecido gratuitamente pela empresa para o revendedor (não foram considerados aqui os custos de se criar este curso na matriz da empresa nem o tempo do instrutor). O equipamento foi um retroprojetor da distribuidora, sem custo para o revendedor também.

Para convencer os vendedores a passarem uma tarde recebendo treinamento, o curso foi lembrado como uma ferramenta para melhorar as vendas (e conseqüentemente a comissão dos vendedores por unidade vendida), melhorar as habilidades deles (e ser uma vantagem na hora de procurar outro emprego) e, é claro, uma rodada de cerveja foi oferecida no final da tarde, com alguns petiscos, para motivar os vendedores a comparecerem. O custo do revendedor foi de, então, cerca de 100 reais com o treinamento (irrisórios 10 reais por pessoa).

Na semana anterior ao treinamento, cada vendedor havia vendido em média 1 botijão por dia. Considerando 6 dias úteis de trabalho, a venda daquela semana na revenda foi de 60 botijões (6 dias × 1 botijão por dia × 10 vendedores). Na semana posterior ao treinamento, o revendedor e o instrutor/consultor consultaram os relatórios de venda e verificaram que esta dobrou, passando para 120 botijões vendidos.

O lucro do revendedor para cada botijão vendido era de 2 reais por unidade, já tendo sido descontados o custo de compra e a comissão de 1 real do vendedor. Considerando a venda total de 120 botijões naquela semana (sem contar a venda de algumas mangueiras, como item adicional), temos: 120 botijões × 2 reais = 240 reais.

O benefício líquido do programa para a semana posterior ao treinamento foi de 140 reais, descontado o custo do revendedor, de 100 reais, com a comemoração.

$$ROI = \frac{\text{Benefícios Líquidos do Programa (Benefícios – Custos)}}{\text{Custos do Programa}} \times 100$$

ROI = (140/100) × 100

ROI = 140%

Encontra-se, então, um ROI de 140%, e se considerarmos os benefícios adicionais (clientes mais bem atendidos e mais satisfeitos são mais fiéis, funcionários mais motivados atendem melhor...) e os resultados das semanas subseqüentes próximos a este patamar de vendas, é possível adicionar que a distribuidora é parceira do vendedor, ao lhe fornecer treinamento sem custo e que ainda lhe dará mais retornos.

Cabe ressaltar que num programa de treinamento de vendas, o profissional que ministrou o treinamento ou o consultor comercial (no exemplo os dois papéis fundem-se numa só pessoa) e o supervisor do treinando devem acompanhar os resultados nos dias posteriores, questionando-se quanto do incremento em unidades vendidas pode ser atribuído ao treinamento. A análise deve ser feita também nas semanas posteriores – a primeira semana apresentada aqui teve como objetivo apenas facilitar o cálculo e comprovar, na semana seguinte ao treinamento, que os vendedores estavam praticando os conceitos, alertando para a necessidade de acompanhamento futuro, já que após algum tempo o que foi aprendido pode ser esquecido ou os treinandos podem voltar ao estágio em que se encontravam antes do treinamento.

No exemplo, foi considerado que não houve alteração no preço, nenhum desconto oferecido, nenhuma ação de marketing. O resultado financeiro do revendedor foi fruto exclusivamente de uma equipe mais bem treinada.

Havendo a medição em outras revendas ou franqueados, a revendedora/franqueadora poderia comunicar os resultados como mais um benefício. A partir dos resultados de uma área geográfica, poderia ser calculado o retorno do investimento na formação do consultor comercial como instrutor, que também passou por um treinamento de multiplicadores, como o apresentado mais à frente neste capítulo.

TREINAMENTO DE SUPERVISORES EM EMPRESA DE TELECOMUNICAÇÕES

Grande parte das maiores companhias de telecomunicações nos EUA tem implementado metodologias de cálculo de ROI.[1] Coincidentemente, o único caso de ROI relatado com valores nos questionários, na pesquisa feita pela autora, foi o de uma empresa de telecomunicações.

Desde a realização do pré-teste, a autora já havia notado que a empresa tinha um departamento de treinamento com o discurso muito voltado para resultados. Em uma breve conversa com o Supervisor de Desempenho e Treinamento da empresa na época da pesquisa, identificou-se que a central de atendimento de uma grande companhia costuma possuir várias iniciativas de treinamento e inúmeros indicadores de controle e verificação do atendimento.

No questionário final, o supervisor foi o único que exemplificou com valores monetários o retorno do investimento em um programa de treinamento. Houve o reforço do convite para a autora conhecer o *Call Center* da empresa em Macaé, cidade conhecida pela concentração de indústrias de petróleo na região norte do Rio, onde foi realizada uma entrevista, de modo a esclarecer dúvidas e trocar informações sobre o tema. A entrevista, acompanhada da visita às instalações, teve a duração de quatro horas, seguindo o roteiro do questionário preenchido.

Vale ressaltar que a empresa foi vendida após a publicação deste caso, na 1ª edição, mas o *Call Center* permaneceu em Macaé.

O ambiente aparentava ser agradável para os cerca de 800 funcionários que o operavam 24 horas por dia, em sua maioria Operadores de Atendimento a Clientes. Estes operadores cumpriam turnos de 6 horas, enquanto os supervisores e os níveis hierárquicos superiores tinham jornada de 8 horas. Como o serviço de uma central de atendimento tem horários de pico, a escala é normalmente dividida de modo a não aumentar o período de espera do cliente.

Havia na empresa, à época, uma área que cuidava de reparos; outra área de atendimento às reclamações feitas por clientes diretamente à ANATEL (Agência Nacional de Telecomunicações, que regula as companhias do setor); uma área de suporte que ligava para o cliente; áreas específicas para cada um dos produtos da companhia; e a área de cobrança, que automaticamente bloqueava e entrava em contato com o cliente quando este queria usar o telefone, só liberando o acesso mediante promessa de pagamento. Esta área, em uma iniciativa envolvendo treinamento em Técnicas de Negociação, Argumentação e Cobrança, recuperou R$ 500.000 de débitos duvidosos. Só este exemplo já daria um alto retorno do investimento, considerando este valor como benefício. Calculadas as horas em que os participantes e os instrutores estiveram envolvidos com o treinamento, multiplicadas pelo custo do salário-hora (o quanto vale a hora de trabalho do funcionário), mais outras despesas relativas ao treinamento, seria possível chegar ao custo.

Na empresa havia fornecimento de *ticket*-refeição ou alimentação que podia ser usado em um bem estruturado restaurante/lanchonete no local, além de um espaço com três microondas para que os funcionários pudessem aquecer sua comida trazida de casa. Um ambiente aconchegante com sofás e uma TV que parecia uma tela de cinema e um local bucólico com mesas e cadeiras eram os locais favoritos no intervalo. Havia ginástica laboral passando na mesa de cada funcionário, com duração de 10 minutos, três vezes por semana. Havia lugar ao ar livre para aqueles que fumavam. Próximos a estas áreas de bastante circulação estavam afixados na parede os indicadores de performance, com o percentual de atendimentos humanos em relação ao total de atendimentos, o índice de satisfação e o tempo médio de atendimento, entre outros. Notou-se que o *turnover* era baixo, mas o índice de pessoas em licença médica era alto. O absenteísmo mostrou ter picos. *Uma investigação para definir linhas de prevenção às faltas e licenças poderia gerar um programa de qualidade de vida para o pessoal que trabalha no atendimento com retorno posteriormente.*

Percebeu-se uma empresa normal, com pontos positivos e problemas. A função que promovia e avaliava treinamentos não estava na área de Recursos Humanos, mas na Gerência de Desempenho e Qualidade. A empresa não possuía qualquer metodologia de avaliação de treinamento vinda da matriz no exterior, e o cálculo do ROI não pareceu ser uma prática disseminada em todas as áreas de treinamento dela. Uma investigação na área de treinamento corporativo da matriz da empresa poderia comprovar esta observação, mas o que transpareceu foi um exemplo feito por um administrador com pós-graduação em RH, com mais de 20 anos de experiência, que mencionou ouvir falar do assunto desde 1995, quando trabalhava em uma grande empresa nacional, onde havia uma cultura de mensuração de resultados e se mediam resultados de investimento em treinamento gerencial, tendo encontrado orientação sobre o assunto em livros americanos, como também utilizou a pesquisa que identificou esse exemplo brasileiro.

O fato de o treinamento estar dentro do órgão de atividade do *Call Center* ajudava a medir os resultados das ações de treinamento, até porque quem treinava também tinha a função de avaliar o desempenho dos funcionários. A avaliação era feita duas vezes por mês, em salas apropriadas, onde supervisor e avaliado tinham privacidade para conversar, gentilmente chamadas de "confessionários" (em alusão ao programa televisivo popular *"Big Brother Brasil"*). Havia um cartaz informando ao funcionário que três ligações quinzenais seriam gravadas para utilização nestas avaliações de desempenho.

Em relação ao questionário, algumas questões merecem ser destacadas. Na questão sobre a pressão da Diretoria em justificar investimentos em RH, a nota encontrada foi das mais altas (4, que significa "concordo"). Uma organização de grande porte, com cultura de mensuração de resultados que faz mensurações na área de RH, tende a medir estes resultados contando com o comprometimento da alta gerência, indicado também na questão que perguntava do envolvimento desta no planejamento dos programas de treinamento, em que a resposta também foi 4.

Na questão referente às experiências no passado em programas de treinamento que não obtiveram sucesso, a empresa também se diferenciou das demais participantes da pesquisa, quando marcou 5 ("concordo totalmente").

Nas questões referentes aos níveis de avaliação de treinamento, assunto conhecido pelo entrevistado, as respostas foram "concordo totalmente" para o nível de satisfação, aprendizagem (onde provas escritas foram mostradas como exemplo) e comportamento (comprovado por formulários de monitoração do comportamento do atendente). O nível de resultados teve resposta 4 ("concordo") e o nível do ROI, um sincero 3 ("não concordo nem discordo"), explicado na entrevista com a seguinte frase: "Nem todos os treinamentos dão resultados no negócio, existem treinamentos emergenciais, como um feito, por exemplo, na hora de reduzir custos e posições".

Segue-se o exemplo reportado no questionário com algumas observações da entrevista e da análise.

"Implantei o Programa de Identificação de Potenciais à Supervisão, em que foi possível classificar os custos, medir os resultados teóricos (aproveitamento) e comportamentais (desempenho)."

"O programa teve o objetivo de identificar aqueles operadores que poderiam ser promovidos a supervisores, optando pela formação de um banco de talentos ao invés de indicação dos próprios supervisores, o que poderia levar a ´apadrinhamentos´."

"Este programa teve a participação de 42 candidatos à supervisão, duração de 104 horas/turma, e um índice de aproveitamento de 60%. Na avaliação geral do curso pelos participantes, o programa obteve a seguinte performance:

Objetivos do curso foram atingidos 82%
O curso se aplica ao trabalho 82%
O conteúdo foi efetivamente transmitido 100%
O material do curso contribuiu para facilitar o aprendizado 82%
O grupo participou ativamente do curso 100%
A eficácia geral do curso .... 91%"

Nesse exemplo, a autora confirmou que a avaliação para o nível 1 utilizada foi a opinião dos participantes. O nível 2 foi avaliado por teste escrito, com perguntas abertas ao invés de questões objetivas, que permitem melhor observação do quanto os participantes tiverem de aprendizado. O nível 3 teve mensurações do desempenho no trabalho antes e depois, apoiadas por questionários pré-estruturados de avaliação do atendimento.

"O investimento neste programa foi da ordem de R$ 3.800, com o custo *per capita* de R$ 90,47. Para a empresa, o processo de treinamento externo teria o custo médio de R$ 680 por participante. O processo seletivo, prévio, teria um custo estimado de R$ 2.400. O investimento para desenvolvimento externo ficaria em torno de R$ 19.400. Como o processo foi totalmente desenvolvido *in house*, a ação de treinamento proporcionou uma economia de R$15.600. O retorno sobre o investimento foi medido durante seis meses, nos quais cada participante aprovado teve a oportunidade de atuar como supervisor provisório de uma equipe por um mês. Durante o período, os indicadores de performance do *Call Center* foram utilizados para avaliar o desempenho de cada equipe liderada por um supervisor provisório."

O prazo de medição foi ao longo de seis meses após o treinamento, o que para o tipo de negócio da empresa, se mostrou viável. Havendo repetição da avaliação novamente em seis meses, poderia ter-se o retorno anualizado. É sempre conveniente destacar qual foi o prazo para qualquer medição de retorno de investimento em treinamento, sobretudo na hora de comparar diferentes programas.

O cálculo chegou ao nível 4, de resultados. O supervisor de desempenho e treinamento explicou que foi feito um rodízio durante estes seis meses, onde os candidatos a supervisores cobriram a ausência dos titulares durante as férias destes. Em alguns casos, os índices de performance foram superiores, e a satisfação da equipe maior, levando à substituição dos supervisores oficiais definitivamente pelos supervisores provisórios, conforme explicou na continuação de seu depoimento:

"COMO RESULTADO FINAL: Em 80% das equipes houve melhoria de satisfação do operador com o supervisor; 77% das equipes mantiveram o nível de excelência no tempo médio de atendimento; 8% reduziram o tempo médio de atendimento em 5 pontos percentuais e 5% das equipes tiveram seus resultados inferiores ao previsto. Logo, com este cenário, o programa foi validado e já temos seis treinandos promovidos a Supervisores de Atendimento ao Cliente".

Substituindo na fórmula[2], pode-se dizer que os benefícios auferidos pelo programa, sem considerar outros benefícios intangíveis que poderiam ser convertidos em valores monetários com maiores observações, foram os

R$ 15.600 economizados (considerando como benefício este resultado financeiro – porque também podemos entender como benefício uma economia). Os custos do programa indicados pelo Supervisor foram R$ 3.800. O ROI obtido no programa, em uma estimativa conservadora, foi de 410,52%, que o entrevistado não chegou a calcular, mas é explicitado no cálculo a seguir, feito pela autora.

CÁLCULO DO ROI DO PROGRAMA DE TREINAMENTO NA EMPRESA DE TELECOMUNICAÇÕES

$$ROI = \frac{\text{Benefícios Líquidos do Programa (Benefícios – Custos)}}{\text{Custos do Programa}} \times 100$$

ROI = (15.600/3.800) x 100

ROI = 410,52%

Obteve-se um retorno superior a 400%, condizente com alguns exemplos publicados nos Estados Unidos. A facilidade de observar estes valores para o entrevistado levaram-no a, na questão sobre dificuldade do cálculo, responder: "fácil" (grau 2 na escala de 1, "muito fácil" a 5 "muito difícil"). Aquilo que se sabe calcular tem a percepção de fácil. Na questão referente à importância do cálculo do retorno do investimento em treinamento, era esperado o que o entrevistado respondeu: "muito importante" (5).

O Supervisor atribuiu o sucesso da área de treinamento em mostrar seu valor ao planejamento e à documentação de tudo que é promovido, bem como à divulgação de seus resultados. Todo o treinamento antes de ser realizado tem seus objetivos claramente definidos, e um exemplo de objetivo descrito foi: "Diminuir 10% do tempo de atendimento". Um objetivo claro e possível de ser mensurado.

Na sua opinião, as ações de treinamento não podem ser meras atitudes para "apagar incêndio", prática muito comum no ambiente de T&D, como comentado pela autora. Treinamento, para ele, é um instrumento de promoção de resultados. Infelizmente, mesmo com todo o valor provado, sua equipe de dez pessoas havia sido reduzida a duas, em cortes de pessoal feitos em todos os níveis da companhia naquela época.

O próprio saiu da empresa um pouco depois da venda, mas felizmente migrou, para propagar mais essa visão de resultados, para outra empresa, desta vez petrolífera.

Ainda em contato com pessoas que continuaram na empresa de telecomunicações, o ex-supervisor matou a curiosidade da autora, reportando que mais pessoas capacitadas foram promovidas a supervisor, um tempo depois, o que mostra que o efeito do treinamento ultrapassou o prazo normalmente indicado de um ano para observação dos efeitos, ainda que o efeito tenha sido maximizado também por outras ações de desenvolvimento.

Seu exemplo mostra que seu trabalho compensa. E que, se medindo resultados das ações de treinamento ainda assim estamos vulneráveis, mais vulnerável pode estar quem não mostra o quanto o treinamento contribui para o resultado do negócio da empresa.

Programa de Pós-Graduação em Uma Instituição de Ensino Superior

Para melhorar a promoção de suas soluções educacionais para o meio corporativo, uma renomada instituição de ensino superior, com cursos de pós-graduação e MBA, procurou a autora.

O objeto da consultoria passou por rever o projeto de avaliação institucional, destacando pontos fortes, pontos de atenção, eventuais dificuldades, sugestão de melhorias e próximos passos. Não envolveu a consolidação e a análise dos resultados para os quais instrumentos foram sugeridos para obter os resultados. Feito pela equipe pedagógica da universidade, já havia um pouco da visão de resultados de negócio, com a participação de uma administradora na equipe.

Começaram por rever a bibliografia e escolheram trabalhar com o modelo dos quatro níveis de Kirkpatrick (reação, aprendizagem, comportamento e resultados). A autora sugeriu, para facilitar a abordagem, que fossem agrupados os níveis de comportamento e resultados em impacto, conceito que seria facilmente compreendido por profissionais de formações distintas.

A instituição escolheu começar a medir o ROI de programas de desenvolvimento gerencial para executivos. Estes programas voltados para empresas representavam grande parcela dos cursos de pós-graduação e MBA oferecidos pela instituição.

Vislumbravam poder provar às empresas que enviam funcionários para participar dos diversos MBAs em Gestão que oferecem, que investir na melhoria da formação de seus executivos e potenciais candidatos a cargos de alta direção garantiria benefícios futuros, como ter executivos preparados para os níveis maiores da organização. Já sentiam no discurso dos gestores das organizações, quando em visitas ou encontros em eventos de recursos humanos, que a pergunta "Que resultados posso esperar do programa de MBA?" se tornava mais freqüente.

Para cada um dos níveis definiram-se algumas melhorias a serem implementadas e resultados esperados, conforme se apresenta a seguir.

Nível 1 – Reação

A primeira decisão passou por rever os questionários de avaliação aplicados em papel para as disciplinas do curso, aproveitando as questões já existentes e incluindo outras relevantes para tratamento pedagógico (como auto-avaliação). Ficou definido que o modelo a ser utilizado não seria específico para cada programa, mas genérico para todos os programas, em função da quantidade de cursos existentes a serem avaliados, a semelhança entre eles (todos tinham como eixo a gestão) e a pouca disponibilidade de recursos para personalizar questionários para cada curso.

As questões que apresentavam palavras soltas representando conceitos foram reescritas para frases assertivas, aproximando o respondente do objeto da avaliação, assim como a escala de 1 a 10 foi substituída pela escala de concordância de 1 a 5, com este mesmo objetivo, além da adequação da escala ao modo de avaliar (por meio de afirmações).

Por exemplo: "Qualidade de material didático", com notas de 1 a 10, passou para "O material didático apresentava boa qualidade", com escala de concordância de 1 a 5.

A instituição utiliza educação a distância, como apoio às aulas presenciais, por que além de ser uma poderosa ferramenta para construção da aprendizagem, os executivos que participam dos programas são de várias partes do Brasil e se encontram periodicamente, sendo necessário incluir atividades entre esses encontros. Foi sugerido então substituir as avaliações feitas em papel pelo sistema automatizado disponibilizado no ambiente virtual de aprendizagem da instituição para que o executivo que participasse do programa pudesse responder diretamente as avaliações no sistema, dando maior veracidade ao processo, diminuindo gastos com papel (uma necessidade em tempos em que se precisa garantir a sobrevivência do homem neste planeta), tornando mais rápida a consolidação das respostas da turma.

Este resultado consolidado seria posteriormente comunicado à turma com quem a coordenadora pedagógica discutiria pontos fortes e potenciais pontos de melhoria (sem citar diretamente qualquer estudante em específico, uma vez que no questionário *on-line* era garantido o anonimato aos que assim o desejassem).

O resultado também seria enviado ao contratante do programa na empresa – que poderia questionar o participante sobre a qualidade das aulas presenciais e virtuais do curso.

Nível 2 – Aprendizagem

A aprendizagem seria medida, com valor de nota, por meio de projetos aplicativos relacionando o conteúdo ministrado em sala de aula com a realidade da empresa do participante (outro resultado do programa que poderia ser verificado no nível 3 de impacto, se o projeto fosse implementado).

Previamente ao início do curso, o participante responderia a um inventário de competências, que seriam trabalhadas durante todo o MBA. Estas competências seriam novamente auto-avaliadas, separadamente, em grupos, a cada final de módulo de disciplinas. O próprio sistema onde o inventário seria respondido nas duas oportunidades automaticamente compararia a evolução dos pós-graduandos, como complemento no nível 2 de aprendizagem.

Os participantes estariam cientes de que o resultado da evolução (e não os valores pontuais nos dois momentos – antes e durante o curso) seria enviado ao contratante do programa na organização cliente, juntamente com o resumo dos trabalhos aplicativos, com a sugestão de que fosse repassado aos superiores imediatos (muitas vezes o CEO da organização) e aos *coachs* destes participantes para que pudessem discutir projetos e melhorias possíveis de serem implementados (estimulando a implementação ao nível 3 de impacto).

Nível 3 – Impacto

Cerca de seis meses após o curso, os participantes receberiam um questionário solicitando que reportassem se haviam percebido, em função do que aprenderam no curso de MBA: aumento de resultados de negócio em que estão diretamente envolvidos, implantação de novos projetos (resultantes do nível 2 ou não), alcance de metas, aquisição de novas competências de gestão e preenchimento de hiatos de competências (caso a empresa cliente tivesse implementado gestão de/por competências). Seriam incluídas novamente questões de reação de modo que, com a vivência após o curso, pudessem sugerir melhorias no programa. Seria perguntado também aos participantes, seis meses após o final do MBA, se haviam tido algum incremento salarial, percentualmente.

Os resultados de toda a turma, sem citar nomes e empresas, seriam enviados a todos os contratantes nas empresas de modo que pudessem ver tudo que foi gerado pela turma. Seria um estímulo para que enviassem novos participantes ao programa para obterem retorno semelhante e que discutissem com os que já participaram estes resultados.

Exemplos de resultados poderiam ser utilizados em material de divulgação comercial, para recrutamento individual de estudantes e em contato com outras empresas, com as devidas autorizações ou preservação das fontes.

O programa não chegou a converter os impactos do MBA em benefícios monetários por empresa, mas poderia ter chegado se houvesse interesse da instituição. Possivelmente, os benefícios por participante superariam o investimento feito pela organização que contratou o programa para desenvolver seus executivos.

Aplicado hoje, poderia utilizar-se dos instrumentos que constam no nível 0 de Embasamento Estratégico no modelo da autora, adaptado para este exemplo de aplicação, o que facilitaria a avaliação de impacto no futuro.

Modelo de avaliação para nível 0 – Desenvolvimento do programa conforme estratégia da organização e metas individuais do participante

Nome do programa = MBA em Gestão de ...
Meta(s) organizacional(is) relacionada(s) =   ( ) 1 – Manter índice 45%....
( ) 2 – Atingir 30% de...
( ) 3 – Ser a 2ª em ...
(buscar no planejamento estratégico da empresa, na avaliação de desempenho individual)
Nome do executivo =
Meta individual =   ( ) 1 – Alcançar 20% de....
( ) 2 – Rever os processos de...
( ) 3 – Criar...
( ) 4 – Atingir nível 4 em...
(buscar no plano de metas do funcionário/ avaliação de desempenho/plano de carreira)
(Continua)

Modelo de avaliação para nível 0 – Desenvolvimento do programa conforme estratégia da organização e metas individuais do participante (Continuação)

Competência 1 =
Hiato:
Competência 2 =
Hiato:
Competência N =
Hiato:
(identificar a competência com seu hiato a ser preenchido ou a competência que deseja ser mantida, caso a organização tenha implementado o gerenciamento de/por competências).

Nesse caso, prova-se que instituições de ensino superior podem avaliar o impacto de seus programas nas empresas clientes e na vida dos seus ex-alunos.

Capacitação de Uma Empresa Parceira para seu Cliente

Provar o que os participantes fizeram com o que aprenderam durante um programa e o impacto que o conhecimento gerado produziu no dia-a-dia da operação, até mesmo em resultados, é o desejo da maioria dos parceiros de capacitação de uma grande empresa que tem uma universidade corporativa ou um setor de treinamento e desenvolvimento.

Foi esse o desejo de uma consultoria em educação corporativa e desenvolvimento organizacional com foco em resultados para o negócio, quando procurou a consultora. O objeto do trabalho foi observar o impacto de uma capacitação de multiplicadores em práticas de ensino, que ocorreu em dois módulos, um presencial e outro a distância, totalizando 32 horas de carga horária. O último módulo havia sido concluído havia sete meses, quando a avaliação de impacto foi aplicada (período de tempo que normalmente é curto para medições de nível de resultado, o que foi explicado quando da primeira reunião pré-planejamento da avaliação, mas havia interesse em fornecer logo esses resultados à empresa cliente.

Após entender melhor o negócio da empresa cliente, conhecer o conteúdo programático da capacitação e o que poderia ser obtido a partir dele como resultado, os potenciais resultados esperados indicados à empresa parceira na proposta foram:

- Confirmar o índice de satisfação já obtido, com recomendações de ação de melhoria no programa, bem como recomendações para potencialização dos resultados do programa no cliente.

- Exemplos de transferência do aprendizado no local do trabalho.
- Evidências de mudança de comportamento.
- Resultados numéricos percebidos pelo trabalho (se dados numéricos solicitados posteriormente fossem fornecidos).

O ROI financeiro era um indicador desejável pela consultoria, que estaria bancando os custos da avaliação oferecendo um benefício adicional à empresa cliente, que é parceira em diversas soluções educacionais oferecidas. Porém, a consultora especialista em avaliação deixou bem claro que isso só seria possível caso a consultoria especializada em educação corporativa tivesse acesso aos dados na grande empresa, sua cliente, e na própria área financeira da consultoria (o que não foi problema, pois os custos do programa e os números relativos aos eventos já estavam muito bem detalhados).

Um formulário foi criado para atender especificamente ao programa e foi aplicado por meio telefônico. As entrevistas foram feitas por jornalistas, o que foi bastante interessante na percepção dos resultados – uma investigação foi mesmo feita! São reproduzidas, aqui, algumas das perguntas preservando a confidencialidade do negócio, o conteúdo do programa e o questionário feito exclusivamente para a consultoria aplicar com seu cliente.

Cento e nove empregados da empresa cliente haviam participado da capacitação. De modo a ver a aplicabilidade no trabalho, procurou-se verificar aqueles que já haviam ministrado treinamentos nos sete meses após a capacitação em práticas de ensino. Oitenta e nove participantes encaixavam-se neste quesito. As jornalistas da fornecedora da capacitação obtiveram com sucesso 69 respondentes.

Para o *nível 0 de embasamento estratégico,* a consultoria que ministrou a capacitação justificou a importância do programa para o cliente – suportaria um dos itens do mapa estratégico em gestão do conhecimento. Para um novo programa, esse seria o ponto principal a trabalhar, observando se os objetivos estavam alinhados à estratégia do negócio.

No *nível 1 de reação*, já havia sido aplicada a avaliação de satisfação, onde 91% dos participantes deram nota entre 9 e 10 para o programa. No questionário, buscou-se perguntar o que os participantes lembravam da capacitação e o que mais tinha sido útil para eles no desempenho do papel de multiplicador.

Para o *nível 2 de aprendizagem*, foi solicitado na avaliação de impacto que os participantes atribuíssem a si próprios uma nota de auto-avaliação como instrutor/educador/professor antes de participar do programa.

Mesmo que nunca tivessem dado aula antes, era solicitado que pensassem em explicações simples para seus colegas de como um equipamento ou processo funciona, instruções para seu filho nas aulas de matemática... Notas foram atribuídas individualmente, de 0 a 10.

Em seguida, perguntava-se qual a nota eles atribuiriam a si próprios como instrutor/educador/professor, após participar e praticar da capacitação de multiplicadores e ter tido a oportunidade de praticar, também em escala de 1 a 10.

Na amostra representativa da turma que participou da capacitação, a nota aumentou em média dois pontos. Houve 20% de aumento da nota de auto-avaliação.

Para o *nível 3 de impacto*, foram feitas várias perguntas para checar a aplicabilidade do conteúdo ministrado, para verificar se haviam utilizado o material didático para a capacitação na hora de montar o seu material de treinamento, entre outras questões.

Buscaram-se exemplos de transferência do aprendizado para o dia-a-dia e entender quais foram os eventuais problemas na hora de aplicar o que aprenderam.

Perguntou-se a cada participante: "Ouviu algum *feedback* positivo dos participantes que treinou ou de colegas que você orientou após ter ministrado algum treinamento ou provido alguma orientação no trabalho?"

As respostas foram agrupadas em três grandes temas: didática, material didático e relacionamento. Um terço dos multiplicadores relataram que:

- Receberam elogios sobre sua postura.
- Sentiram ter maior controle sobre a turma.
- Passaram a explicar melhor o conteúdo, melhorando sua performance.
- Receberam notas altas pelos treinandos nas suas avaliações de reação.
- O novo material didático que construíram com o que aprenderam na capacitação de multiplicadores facilitou a compreensão dos participantes de seus treinamentos.
- O relacionamento com os alunos melhorou.
- Seu esforço em ministrar as aulas foi reconhecido *(aspecto de valorização do trabalho do profissional)*.

A amplitude do que foi ensinado na capacitação de multiplicadores também foi observada na questão: "Ministrou treinamentos no período entre *mês/ano1* e *mês/ano2*? Quantos? Qual a carga horária? Quantas pessoas?"

Os 69 multiplicadores geraram três vezes mais horas de treinamento do que as horas investidas neste programa para eles e alcançaram 2.340 participantes nos sete meses após a conclusão da capacitação, conforme demonstra o quadro a seguir. A amplitude foi 34 vezes maior!

Multiplicadores capacitados e que já ministraram treinamentos	Horas investidas	Horas produzidas	Participantes dos treinamentos dos multiplicadores
69	2.208	6.444	2.340

De posse do dado de quanto custava os treinamentos ministrados pelos multiplicadores quando feitos por fornecedores externos e com os custos do programa de multiplicadores fornecidos pela consultoria parceira que ministrou a capacitação, poder-se-ia chegar a um retorno do investimento de toda a turma, a partir do benefício da economia de se fazer esses treinamentos da operação com instrutores próprios, que poderia ser convertida em números, chegando ao ROI, além dos benefícios intangíveis de ter um instrutor com vivência de empresa e mais motivado para a função de instrutor por ser valorizado profissionalmente, bem como poder atender mais pessoas com o treinamento na empresa. Porém, alguns desses dados não estavam disponíveis.

Na impossibilidade, RH tem que buscar alternativas. A partir da investigação com um dos participantes que ministrou um treinamento operacional, chegou-se à seguinte história.

"Aconteceu após o treinamento mencionado, em um quase acidente, onde um veículo ficou preso num determinado local, e, por causa do treinamento da operação, dois empregados da empreiteira com sinais de braço pararam o veículo que vinha na direção oposta."

Dois dos participantes do treinamento do multiplicador formado na capacitação, numa atitude segura, evitaram um acidente que poderia ter provocado horas paradas e perdas de vidas, com o que aprenderam no treinamento operacional. Sem contar os efeitos negativos na comunidade, um acidente desse tipo, de que se tem notícia na empresa cliente, custaria 5% do valor total da capacitação de multiplicadores.

Na fórmula, substituiu-se o benefício pelo custo do acidente evitado (CA, onde há uma evidência e não uma hipótese ou possibilidade) e diminuiu-se pelo custo da capacitação (CC) para a empresa cliente, dividindo pelo custo da capacitação, multiplicado por 100.

$$ROI = \frac{(CA - CC)}{CC} \times 100$$

Preservados os valores fornecidos pelas empresas parceiras nesse projeto (a empresa cliente e a consultoria que desenvolveu e ministrou a capacitação), chegou-se ao ROI de apenas um dos resultados indicados por um multiplicador que participou da capacitação, conforme o quadro a seguir.

Custo da capacitação (CC)	5% do CA
Custo do acidente (CA)	CA
ROI	1.977%

O ROI medido indiretamente (por meio dos treinandos do multiplicador) foi de 1.977%. Maiores investigações no trabalho deste multiplicador e dos demais dariam ainda mais resultados. Se quatro participantes tivessem resultado semelhante, pagariam o curso para os 69 respondentes da amostra.

O caso mostrou como uma pequena empresa parceira pode provar o valor de um programa de capacitação em um assunto não-técnico, comportamental, desenvolvido especialmente para a empresa cliente. O investimento realizado traz benefícios intangíveis que superam valores, impulsionando os parceiros a trabalharem em outros projetos de sucesso.

FORMAÇÃO PROFISSIONAL EM UMA UNIVERSIDADE CORPORATIVA

O caso a seguir aconteceu em um curso de formação profissional de uma universidade corporativa, mas poderia ser aplicado em instituições de ensino profissionalizante também, no setor público ou privado.

O programa de formação profissional é uma tradição na área de desenvolvimento de recursos humanos dessa empresa, uma das maiores do mundo no seu setor de atuação, há mais de 50 anos atuando no Brasil.

Ao ingressar na empresa, os novos engenheiros passam, dependendo de sua especialização, de 3 a 12 meses recebendo capacitação técnica voltada para a necessidade do negócio, de modo que possam exercer sua função ao irem para suas áreas de atuação. No curso de formação profissional são também estimulados valores e comportamentos visando sua integração à forte cultura da empresa.

Não há dúvida de que o estado da arte em sua área de atuação e sua posição marcante no cenário nacional e mundial foram conquistados por investimentos pesados não só em tecnologia, mas também em pesquisa, desenvolvimento e capacitação. Porém, cada vez mais as áreas de negócio demandam profissionais formados mais rapidamente. Há discussões recorrentes sobre a necessidade de uma formação de qualidade *versus* a agilidade que o negócio precisa, com críticas à formação "lenta" ministrada pela universidade corporativa.

A primeira aplicação da avaliação de impacto para um dos cursos mais relevantes e mais longos da empresa ajudaria então a comprovar a necessidade de se manter o investimento de tempo e recursos na formação profissional dos novos engenheiros, mostrando que a diminuição de tempo poderia prejudicar resultados futuros. Investir mais para ganhar mais no futuro!

Para a avaliação de impacto, escolheram-se duas turmas formadas havia mais ou menos um ano. Foram revisados os consolidados das avaliações das disciplinas e professores, avaliação final de curso e também as notas médias de aprendizagem, para compreender como a formação profissional transcorreu ao longo de um ano de sua realização (observando os níveis 1 e 2 – reação e aprendizagem).

Uma reunião com o coordenador acadêmico do curso de formação profissional ajudou a conhecer mais o conteúdo programático do curso e o jargão utilizado na carreira, onde se verificou o embasamento estratégico (nível 0) – representantes de toda a empresa em um comitê específico para a carreira de engenharia definem pesquisas, necessidades tecnológicas e de competências requeridas nos profissionais, em função dos planos de negócio. Nesse comitê começa a ser desenhado, a cada reedição do curso de formação profissional, o que estará em sala de aula, em função das necessidades da empresa.

Optou-se por realizar grupos de foco com os egressos do curso de formação profissional objeto do estudo, a partir de um roteiro pré-estruturado, depois da análise do material de níveis 1 e 2 (reação e aprendizagem). Foram realizados cinco grupos de foco em partes distantes do país e os que não puderam participar porque não houve grupo de foco em sua região geográfica ou se ausentaram por motivos diversos (férias, viagens etc.), responderam questionários por meio eletrônico.

Os questionários e os grupos de foco cobriram 82 dos 127 participantes possíveis, totalizando 64,5% das turmas, em um nível de confiança de cerca de 90%. Como uma experiência pioneira, esse resultado foi considerado muito bom internamente. Ainda que se misturassem as duas turmas, com diferença de formatura de cerca de três meses entre elas, a experiência foi válida de modo a garantir um quorum mínimo para os grupos de foco e também por mostrar que de uma turma para outra houve evolução, ou seja, o que foi reportado à época do curso nas avaliações de reação foi lido, analisado e muitas vezes implementado.

A iniciativa de reunir os colegas novamente cerca de um ano após a formatura do curso de formação profissional foi percebida como bastante válida – demonstrou que a opinião deles era ainda mais importante para a universidade corporativa e também foi uma boa oportunidade de saber como estavam todos, pessoal e profissionalmente.

O convite à avaliação de impacto (nível 3) mencionava justamente a importância de, com a experiência que eles já possuíam, contribuir para a formação profissional de futuros colegas. O índice de presença por grupos de foco foi maior do que o esperado (havia uma confirmação prévia da presença por telefone).

Uma das atividades do grupo de foco era colocá-los na posição do coordenador acadêmico do curso para ajustar carga horária, incluir e excluir temas e disciplinas, o que manter ou não no curso, pontos fortes e pontos de melhoria, entre outras ações.

Percebeu-se que o resultado do grupo de foco era mais rico para o nível 1 (reação) por representar a visão de vários egressos do curso e por favorecer a troca entre eles, mas que os questionários forneciam informações mais detalhadas para o nível 3 (impacto) – ainda que questionários de apoio tivessem sido utilizados nos grupos de foco.

Algumas entrevistas com gestores dos participantes do curso de formação profissional foram feitas, mas se percebeu que não era possível isolar na visão do gestor a atuação apenas daquele participante egresso de uma das duas turmas, porque na equipe havia outras pessoas que também haviam passado por outros cursos de formação profissional na universidade corporativa. Nestas entrevistas, foi percebido alinhamento do discurso na pergunta que dizia respeito à maior vantagem do curso de formação profissional, cuja resposta foi "Engenheiro pronto para o trabalho", que também foi a resposta dos participantes nos grupos de foco.

A avaliação contribuiu também para perceber que obstáculos à implementação do que foi aprendido foram encontrados, possibilitando à área de treinamento e desenvolvimento local trabalhar nesses pontos, como mais um serviço oferecido pela universidade corporativa.

Mas o principal objetivo da avaliação era: observar o impacto de um curso de formação profissional, identificando mudanças comportamentais, melhoria no desempenho, agilidade no processo de adaptação do novo engenheiro, origem de novas competências, constatando possíveis resultados do negócio, justificando sua existência, formando e desenvolvendo os talentos que a empresa precisa.

Algumas das perguntas feitas nos grupos de foco e no questionário visando buscar esses resultados foram:

1) O curso é atualizado com a realidade da empresa? (*de onde se extraiu um índice de atualização do conteúdo, a partir da opinião dos egressos*).

2) (*Dentro do exercício de coordenador acadêmico*) O que poderia ser tratado em sala de aula que é importante para o engenheiro na empresa? Quais disciplinas você percebe hoje que contribuíram mais para sua atividade atual? (*esses exemplos foram utilizados depois em sala de aula para mostrar a importância de estudar determinados assuntos nas turmas seguintes*).

3) As avaliações de aprendizagem retratavam coisas que você vê na prática?

4) Quanto do conteúdo do curso de formação você percebe em aplicação hoje? (*de onde se extraiu um índice de aplicabilidade do curso de formação profissional – onde não havia a pretensão de que sempre se respondesse 100%, já que o curso atende diversas áreas da empresa*).

5) Se o curso de formação profissional não existisse, quanto tempo levaria para você aprender na prática o que aprendeu no curso? (*de onde sairia o benefício a ser convertido para cálculo do ROI*).

6) Quais os benefícios do curso de formação em relação a um curso feito inteiramente em uma entidade externa? (*onde seriam descritos os benefícios intangíveis*).

Os índices extraídos das perguntas foram:

- Índice de Atualização do Conteúdo (IAC): 77%.
- Índice de Aplicabilidade do Curso de Formação Profissional (IACFP): 48,7%.

O curso de formação profissional prepara o engenheiro com conhecimentos que podem ser utilizados ao longo de sua carreira e para construção de novos. Levando isso em consideração, e que há pessoas que aplicam 100% e outras menos por estarem longe das unidades de produção, o índice de aplicabilidade foi considerado bom e serve de referência para estudos futuros na empresa.

Uma das participantes de um dos grupos de foco destacou que utiliza 100% do curso, mas que isso representa 20% do que ela usa hoje. O índice de atualização do conteúdo pode ser aumentado, sendo cada vez mais alinhado e representativo do negócio.

Para cálculo dos custos, foram considerados: o tempo dos engenheiros em sala de aula (salário, inclusos benefícios e impostos), custos por participante pela duração do curso (disponíveis em registros da empresa), bem como os custos da avaliação.

No tempo do engenheiro em sala de aula durante um ano (a duração do curso) foi utilizada a taxa de 2,0 vezes o salário para inclusão de impostos e benefícios.

No custo do curso por pessoa, disponível na empresa, já haviam sido incluídos salários do *staff* envolvido (professores, apoio) e custos relativos a materiais e infra-estrutura.

Os custos da avaliação de impacto foram relativos à hospedagem, transporte, deslocamento, hora de trabalho da consultora durante todo o trabalho, desde o planejamento até a análise.

Exemplos práticos com evidências de aplicação com resultados no negócio foram citados pelos egressos, totalizando quatro páginas. Pelo menos 10% dos exemplos poderiam ser mais bem investigados para mensurar benefícios financeiros, mas como esse não era o principal objetivo da avaliação, mas sim garantir a continuidade do curso de formação profissional (e obter os valores destas evidências seria muito complicado em função do sigilo do negócio), calculou-se o benefício em função da pergunta de número 5.

Para calcular o benefício, os mesmos custos de salário, incluindo impostos e benefícios, foram atribuídos ao total de participantes das turmas pelos seis anos e dez meses (aproximadamente). Foi esse tempo que os participantes dos grupos de foco e respondentes do questionário afirmaram que seria necessário para aprenderem tudo que viram no curso se ele não existisse e se lhes fosse dada oportunidade de exposição a várias áreas da empresa. O benefício foi chamado de economia do tempo.

Foram totalizados todos os custos. O custo total da avaliação, ainda que tenha sido alto para padrões brasileiros (com viagens para pelo menos quatro cidades), foi de 0,07% do custo total do curso de formação profissional.

O custo das duas turmas foi equivalente a 23,37% do valor da economia de tempo, com base na estimativa dos participantes. Ou seja, se não houvesse o curso, o custo seria 4,27 vezes maior, ainda que não tenham sido convertidos os benefícios intangíveis (que serão descritos a seguir) e a produção gerada pelo conhecimento desses participantes após fazer o curso.

Dessa maneira, aplicando os valores conhecidos na empresa na fórmula, alcançou-se:

$$ROI = \frac{\text{Benefícios Líquidos do Programa (Benefícios – Custos)}}{\text{Custos do Programa}} \times 100$$

ROI = 327,79%

Além do ROI de 327,79%, os participantes das turmas reportaram também benefícios intangíveis:

- *Criação de uma rede de relacionamento* – estabeleceu-se, durante o curso, uma *networking* entre os próprios participantes da formação, os professores e os coordenadores acadêmicos, para contato futuro, que já havia sido utilizada muitas vezes, na identificação de soluções, transmissão de conhecimento, movimentação de pessoal etc.

- *Melhor adaptação ao trabalho* – o contato com professores com profundo conhecimento técnico e com vivência prática, e o curso como um todo, ajudam a ser mais rápida essa adaptação, com o funcionário chegando ao seu posto de trabalho após o curso com a carga inicial necessária (fato com o qual os gerentes também concordaram) para começar a produzir imediatamente (diferente de quem não passa pela formação profissional).

- *Multiplicação do conhecimento* – vários multiplicaram o que aprenderam para colegas, empregados terceirizados e superiores que não passaram por curso de formação profissional ou que já passaram há mais tempo.

Destacam-se dois depoimentos de participantes, um ano após a formatura do curso de formação profissional:

"O maior desafio é ganhar credibilidade dos técnicos da unidade, e o aprendizado do curso é capaz de capacitar o engenheiro com pouco tempo de empresa a conversar de igual para igual com os técnicos mais antigos".

"O conhecimento adquirido no curso de formação profissional é muito importante em reuniões onde as decisões técnicas devem ser tomadas de forma rápida, ou em projetos com prazos 'apertados', onde ter passado pelo curso minimiza tempo de estudo antes de se tomar uma decisão".

A existência do curso foi justificada. Comprovou-se que o curso de formação profissional é um vetor de impulso na gestão do conhecimento e na produção de resultados que garantem a vantagem competitiva da organização.

Notas do Capítulo 7

1 Phillips, P., 2002.
2 Phillips, J., 2003.

Capítulo 8

IMPLEMENTAÇÃO

Poucas empresas aplicavam algum método de mensuração do ROI de treinamento. Esta foi a principal conclusão da pesquisa apresentada na 1ª edição deste livro, aplicada em uma amostra representativa de pessoas da área de recursos humanos de empresas presentes no Brasil (em sua maioria, de grande porte, sendo 90% delas na Região Sudeste).

A pesquisa da Associação Brasileira de Treinamento e Desenvolvimento (ABTD), cinco anos depois, mostra que ainda são poucas as que fazem medição no nível 4 de Kirkpatrick ou no nível 5 de Phillips. O baixo percentual dos dois níveis (menos de 5%) coloca o Brasil em um nível bem próximo dos encontrados nas pesquisas da *American Society for Training and Development* (ASTD).

Calcular o retorno do investimento em treinamento continua sendo visto como importante, mas ainda é questionado como mensurá-lo e se a mensuração está correta. Algumas empresas já mostram a contribuição de seus programas de capacitação por meios quantitativos, aliados ao já tradicional qualitativo. Os sistemas e as normas da qualidade contribuíram para o fomento das discussões sobre a eficácia dos programas de treinamento, para além das medições da satisfação quanto ao programa e da avaliação da aprendizagem (comum na área acadêmica) – mas também da melhoria na performance de quem foi capacitado e do desempenho do negócio, com indicadores associados, como o ROI.

Mas o cenário de mensuração do retorno do investimento em T&D no Brasil mudou. As empresas brasileiras que contam com programas de educação corporativa já estão evoluindo em avaliação e na prática de mensuração do impacto de suas soluções educacionais. Nos últimos anos, surgiram mais cursos de mensuração na área de RH para atender as organizações que têm mais necessidade nesse assunto. Nos principais eventos de recursos humanos do país, o ROI tem sido abordado freqüentemente em palestras (em sessões exclusivas ou junto a outros indicadores nas apresentações de palestrantes).

Ainda há poucos casos práticos de medição de ROI de treinamento publicados no Brasil. O fato de um processo de mensuração levar tempo (até para que os efeitos tenham tempo de ocorrer) e a falta de tradição no país contribuem para esse problema. Como disse uma das respondentes da primeira pesquisa, num discurso que se repete ainda na classe dos profissionais que trabalham com programas de capacitação: "Face aos pedidos da Diretoria e à correria do dia-a-dia fica difícil medir o ROI do treinamento. Querer a gente até queria".

No entanto, há exemplos neste livro feitos com equipes enxutas (às vezes apenas uma pessoa!) e em pouco tempo, que servem de *benchmarking* para aqueles que podem ou não contar com uma consultoria na hora de implementar um trabalho de medição do ROI dos seus programas de treinamento e capacitação. A contratação de uma consultoria estrangeira ou de maior porte pode ser custosa mesmo para grandes empresas, e pode até dar prejuízos (monetário e intangível), se não estiver ambientada às práticas brasileiras.

A gestão de pessoas, com a evolução de suas práticas e com o apoio da tecnologia, tem cada vez liberado mais tempo para que os profissionais de RH se dediquem a atividades menos operacionais e mais estratégicas. O ROI é um dos indicadores que fornecem insumos para que o RH possa observar os resultados de suas ações, a partir de um uso melhor do tempo desses profissionais e de um melhor alinhamento dos programas que desenvolvem com os objetivos estratégicos das organizações. A confirmação dos resultados positivos estimula a manutenção da eficácia de programas futuros, liberando mais tempo para o desenvolvimento de programas cada vez mais alinhados à estratégia do negócio, em um círculo virtuoso.

Se o medo da diminuição dos investimentos em capacitação foi um dos motivos que levaram a área de T&D a querer demonstrar o retorno do valor de seus programas, outros indicadores nos demais níveis de avaliação podem auxiliar também na comprovação dos resultados. Quanto aos indicadores, há bibliografia disponível no Brasil e no mundo, mas críticas recentes quanto à falta de entendimento do significado de alguns e a sensação de que outros não têm utilidade levam o leitor a questionar se os indicadores de que dispõe são necessários ou se seriam os ideais para o seu negócio.

A melhoria da qualidade dos indicadores é uma necessidade mundial, mas há de se estudar mais profundamente o acompanhamento das ações impulsionadas por esses indicadores e seu impacto em melhores notas na avaliação de reação, melhor aproveitamento dos alunos/participantes de programas de capacitação e na avaliação de impacto, finalmente.

Um índice que a maioria das empresas tem orgulho ao demonstrar é o famoso HHT (horas-homem-treinado). Quando este aumenta, é claro. *Sempre me pergunto quando vejo alguém comemorar um alto número ou aumento do indicador*: "Mas essas horas foram bem investidas?", "Como foram avaliados esses programas?", "Que resultados trouxeram?". Pergunte a alguns funcionários da empresa: "Você utilizou bem essas 12 horas de treinamento que recebeu no ano?". Nem todos darão uma resposta positiva, alguns nem se lembrarão dos programas de que participaram – note que nem estaríamos questionando-os sobre retorno financeiro.

Antes é necessário lembrar que o cálculo do HHT pode dividir o volume bruto de horas de treinamento pelo total de funcionários da empresa ou pelo total da população treinada. Muitas pesquisas não indicam a composição do cálculo na hora de coletar informações – como é possível comparar o número de uma empresa que usa um método com outra que usa um denominador diferente? *Denominador comum é uma das coisas que aprendi nos tempos de colégio e aqui aplico.*

Nenhum indicador deve ser analisado sem a contextualização da realidade da organização ou isolado de outros indicadores. Qual a causa da diminuição do indicador de um ano para outro? O número de empregados aumentou (ou o número de empregados treinados aumentou)? Menos treinamentos aconteceram? Menos gente foi capacitada? Ou diminuiu porque menos programas foram feitos, mas com mais qualidade, gastando-se menos?

Além da observação do aumento ou da diminuição das horas de treinamento e da situação atual da organização, do setor ou da gerência, é importante observar:

- o comportamento do índice de satisfação geral e de cada programa;
- o índice de aplicabilidade (ou de crença de aplicabilidade);
- se a adequação do programa às necessidades do trabalho melhorou percentualmente (o que indica se o conteúdo poderá de ser aplicado);
- qual foi o percentual de atendimento das metas do programa;
- como foi a avaliação da aprendizagem dos participantes;

- quantas idéias foram geradas/aperfeiçoadas e implementadas como produto da capacitação;
- quantos benefícios foram gerados, que valores podem ter sido obtidos, incluindo até o próprio ROI, em uma avaliação de impacto.

A mudança de mentalidade de que não é possível, demora ou custa muito calcular o ROI já deu lugar à mentalidade de que é possível calculá-lo e não só em treinamento, mas em outras iniciativas de RH. A evolução dos profissionais de RH e a necessidade de criar outros indicadores para a área de treinamento ou educação corporativa podem garantir a sobrevivência ou o fortalecimento dos profissionais que trabalham nessas áreas e a continuidade dos investimentos.

Quanto dinheiro é investido em treinamentos de combate a incêndio nas empresas de petróleo e gás? E em programas de desenvolvimento como conscientização sobre aspectos de segurança, por exemplo? Quantos gráficos se vêem nas paredes de empresas mostrando a diminuição de acidentes? Os dados estão disponíveis (na mídia, inclusive). Uma grande empresa de petróleo sabe que um acidente evitado representa a prevenção de um prejuízo de grandes dimensões para o negócio. Conhece também o montante gasto com treinamentos e sensibilizações de segurança e o quanto não investir nesse tipo de treinamento pode se tornar caro, quando ocorre um acidente em uma plataforma ou refinaria. Logo, chegar a um valor financeiro de retorno do investimento fica bem mais viável do que apenas medir se os participantes gostaram do treinamento.

Muitas vezes a conversão financeira não é nem necessária para comprovar o benefício gerado pelo investimento. Não se devem considerar apenas números na avaliação do retorno do investimento em programas de treinamento, capacitação e formação profissional. Pessoas estão envolvidas nesses programas, e são elas que contribuem para que a empresa atinja seus objetivos estratégicos. Logo, uma abordagem quantitativa não combinada com uma abordagem qualitativa não terá sucesso, além do que nem todo treinamento ou capacitação visa atingir um retorno mensurável.

É preciso ter consciência da relevância de observar o impacto das ações de treinamento ou dos programas educacionais. Mais do que os números (como o ROI de treinamento), deve-se atentar para a contribuição efetiva dos programas de capacitação e para a percepção da relevância destes para a melhoria do negócio.

COMO MEDIR O ROI DE TREINAMENTO/CAPACITAÇÃO EM SUA ORGANIZAÇÃO

Seguem, então, os passos que guiarão o leitor na implementação ou na melhoria do processo de mensuração do retorno do investimento em treinamento e/ou educação corporativa em sua organização.

Após a leitura deste livro, se desejar aprofundar seus conhecimentos, escolha uma das publicações indicadas na bibliografia no final do mesmo.

1º Passo – Faça um exame do momento atual de sua organização, respondendo o questionário para avaliação das condições para mensuração do retorno do investimento em educação e treinamento em sua instituição (ver o Anexo no final do livro).

Tendo respondido este questionário, peça para que outras pessoas o respondam em sua empresa: colegas da área responsável por treinamento/educação corporativa ou os clientes internos que usam/encomendam os programas de capacitação. A linguagem do questionário não é própria para alguns níveis operacionais, por isso, dependendo do tipo de negócio, avalie quem responderá, escolhendo pessoas com visões complementares que conheçam a realidade de T&D/educação corporativa da organização.

Você pode usar meio eletrônico para consolidar as respostas individuais às quais os respondentes atribuíram pontos de 1 a 5 (em escala progressiva de concordância) a cada uma das 20 afirmações. Compare a média encontrada ao *score* apresentado no Capítulo 6, encontrando o nível onde sua empresa se classifica, de nenhuma cultura de mensuração de resultados a condições plenas de implementar medições na área de T&D/educação corporativa.

De posse desse resultado, analise e discuta as respostas com o grupo que respondeu o questionário. Debatam os pontos em que melhorias são necessárias e apresente esse resultado à alta direção de sua empresa – sem seu apoio ou comprometimento, todos os esforços podem ser em vão e pode haver dificuldade nas medições. O tamanho do comprometimento da alta gestão pode não ser o que você esperava positivamente, mas pode ser melhor do que você previa negativamente.

2º Passo – Liste os programas e sensibilize os potenciais envolvidos na mensuração.

Pergunte que programas os dirigentes de sua organização gostariam que fossem avaliados até o nível de impacto. Valide com os responsáveis pelo desenho e/ou resultado se seria possível avaliar adequadamente os programas candidatos à primeira avaliação (ou vários, de modo a distribuí-los, segundo os recursos disponíveis, pelo ano).

Investigue qual a posição dos responsáveis pelo programa quanto ao tema ROI de treinamento/capacitação: auxiliares, neutros ou obstáculos. Envolva-os no processo e mantenha-os informados de cada passo conquistado ou, na impossibilidade de medir o programa, dê-lhes esse retorno também. A posição deles quanto ao ROI pode levar à escolha ou não do programa e a estratégias personalizadas para obtenção de dados e contornar eventuais barreiras.

3º Passo – Planejamento da avaliação e escolha de um programa – determine "o que", "quem", "quando", "onde", "como" e "porque".

A partir dos programas indicados, escolha um ou mais programas que tenham representatividade na organização (seja pela importância, investimento financeiro ou freqüência) e parceiros com quem você possa contar com o interesse e a disponibilidade em fornecer informações. Atribua prazos e responsabilidades, definindo as atividades a serem feitas, levando em consideração a necessidade de avaliar cada um dos níveis de avaliação – embasamento estratégico, satisfação, aprendizagem, impacto. Avalie também as dificuldades do processo na hora destas definições.

Se escolher um programa que já foi realizado, reveja os resultados dos níveis anteriores, inclusive o de embasamento estratégico, que pode lhe dar subsídios úteis para a avaliação do último nível, de impacto.

Busque registros dos programas de capacitação realizados. Liste os custos de treinamento (se não estão disponíveis, deixe este projeto de ROI de lado e comece por estruturá-los). Consulte resultados do negócio, a avaliação de desempenho dos funcionários que participaram do programa e outros índices disponíveis na organização.

Para medição do retorno financeiro, primeiramente você precisa se familiarizar com os cálculos. Pode-se começar, sem muitas expectativas, medindo o retorno de alguns tipos de programa na área de vendas ou segurança. Quanto à validade do seu cálculo e à dificuldade de se explicitar o efeito de um treinamento como resultado exclusivo dele, lembre-se de que os autores *experts* no assunto nos disseram que devemos estar satisfeitos com as evidências na ausência de provas. É melhor medir de alguma forma (com razoável suporte teórico) do que não avaliar.

Para um programa novo ou para um programa que já aconteceu, é preciso definir como será medido o resultado de cada nível e o melhor momento para cada mensuração, considerando o tipo do programa de capacitação e a necessidade do negócio ou da organização (como no caso da consultoria que precisava antecipar esse momento ou no da grande empresa que precisava esperar mais tempo para colher resultados).

Após a escolha da forma de aplicação de cada nível de avaliação (questionário, grupo de foco, entrevista etc.), segundo o perfil do público participante do programa, utilize os modelos existentes na organização e/ou construa os instrumentos (utilize ou inspire-se nos modelos dos Capítulos 4 e 7) – ou encomende sua criação ou revisão a um(a) especialista em avaliação.

A partir dos resultados de cada nível, sobretudo na avaliação de impacto, consulte os participantes, supervisores, gerentes, especialistas internos e externos à organização para atribuir valores monetários em indicadores de melhoria, quantidade, qualidade e economia de custos.

4º Passo – Reporte seu caso – mostre o "quanto".

Se você gostou da experiência, comunique os resultados, em sua empresa, aos seus diversos públicos – primeiramente a quem lhe ajudou dando as respostas primárias (os participantes do programa). Divulgue-os mostrando seu alinhamento às estratégias do negócio. Compartilhe com seus colegas internos e externos à organização, também para troca de idéias e *benchmarking*.

Se não gostou, o que poderia ter sido melhor? Quais foram os obstáculos? É preciso reforço da alta gerência em ação de medição futura?

Apresente os resultados com a fundamentação teórica em que seu cálculo está embasado de modo a comprovar o valor.

Há condições e exemplos para implementação de uma forma mais eficaz de demonstrar resultados, avaliando quantitativa e qualitativamente os programas de treinamento e desenvolvimento e educação corporativa no Brasil.

A medição de um nível único de impacto pode facilitar a expansão dessa prática. Mais do que nunca, é preciso provar o valor do investimento em treinamento, capacitação e formação profissional, em valores monetários ou não. Porque investir no desenvolvimento humano vale a pena mesmo e pode ter seu valor demonstrado.

ANEXO

QUESTIONÁRIO PARA AVALIAÇÃO DAS CONDIÇÕES PARA MENSURAÇÃO DO RETORNO DO INVESTIMENTO EM EDUCAÇÃO E TREINAMENTO EM SUA INSTITUIÇÃO

Por favor, preencha os dados abaixo (para uso da área de RH/T&D/Educação Corporativa)

Nome: _____
E-mail: _____
Cargo: _____
Telefone (com DDD): _____

Em cada questão, marque com um X o nível mais apropriado em uma escala de 1 a 5

(5 = Concordo totalmente; 4 = Concordo; 3 = Não concordo nem discordo; 2 = Discordo; 1 = Discordo totalmente)

	5	4	3	2	1
1 – Nossa organização é considerada de grande porte.					
2 – Nossa organização tem a cultura de mensuração de resultados.					
3 – Nossa organização faz mensurações na área de RH.					
4 – A diretoria tem pressionado no sentido de justificar o investimento em RH.					
5 – Já experimentamos no passado mais de um programa de treinamento/capacitação que não teve sucesso.					
6 – Os clientes internos cobram resultados de nossos programas de treinamento/capacitação.					
7 – Os programas de treinamento/capacitação estão relacionados à estratégia organizacional.					
8 – Fazemos avaliação da satisfação dos participantes em todos os nossos programas de treinamento/capacitação.					
9 – Medimos a aprendizagem em todos os nossos programas de treinamento/capacitação, com provas de final do curso para avaliar o ganho de aprendizagem, por exemplo.					
10 – Somos capazes de enumerar mudanças no comportamento no trabalho após os treinamentos/capacitações, com avaliação do superior hierárquico ou avaliação de desempenho, por exemplo.					

(Continua)

Em cada questão, marque com um X o nível mais apropriado em uma escala de 1 a 5 (Continuação)
(5= Concordo Totalmente; 4 = Concordo; 3 = Não concordo nem discordo; 2 = Discordo; 1 = Discordo Totalmente)

11 – Fazemos algum tipo de mensuração das mudanças proporcionadas pelo treinamento/capacitação no resultado do negócio, avaliando aumento da produtividade e diminuição de produtos rejeitados, por exemplo.					
12 – Medimos o retorno do investimento feito em nossos programas de treinamento/capacitação com valores monetários, comparando benefícios × custos.					
13 – Sinto que os programas de educação e treinamento colaboram com as demais estratégias da empresa no aumento do desempenho do negócio.					
14 – Sinto que todos os programas de educação e treinamento têm relação com a melhoria do negócio.					
15 – O RH e o Supervisor do funcionário sentem uma melhora no desempenho dos treinandos após o curso.					
16 – A área de educação corporativa/treinamento trabalha com indicadores de resultados para todos os programas desenvolvidos.					
17 – O investimento em educação e treinamento é percebido como relevante para o desempenho organizacional.					
18 – Todos os programas de capacitação e treinamento são contratados pelo setor de Recursos Humanos/Treinamento.					
19 – Todos os programas de capacitação e treinamento são aprovados pelo setor de Recursos Humanos/Treinamento.					
20 – A alta administração se envolve no planejamento dos programas de treinamento/capacitação/educação.					

Bibliografia

ABTD. *Pesquisa "O retrato do treinamento no Brasil".* São Paulo: Associação Brasileira de Treinamento e Desenvolvimento, 2007.

AKTOUF, O. *A Administração entre a Tradição e a Renovação.* Organização, adaptação e revisão da Edição Brasileira Roberto C. Fachin, Tânia Fischer. São Paulo: Atlas, 1996.

BARTEL, A. Measuring the Employer´s Return on Investments in Training: Evidence from the Literature. Industrial Relations, July 2000. *Monthly Labor Review*, v. 123, i8, p. 40, August 2000.

BATEMAN, T. S.; SNELL, S. A. *Administração: Construindo Vantagem Competitiva.* Tradução Celso A. Rimoli; revisão técnica José Ernesto Lima Gonçalves, Patrícia da Cunha Tavares. São Paulo: Atlas, 1998.

BECKER, B. E.; HUSELID, M. A.; ULRICH, D. *The HR Scorecard*: *Linking People, Strategy, and Performance.* Boston: Harvard Business School Press, 2001.

BOOG, G.; BOOG, M. *Manual de Treinamento e Desenvolvimento: Processos e Operações* / Coordenadores. São Paulo: Pearson Prentice-Hall, 2006.

_____.*Desenvolvimento de Recursos Humanos: Investimento com Retorno?* São Paulo: McGraw-Hill do Brasil, 1980.

BOTHELL, T. Isolating the Effects of Training: Balancing the Practical Vs. Theoretical Approach. Palestra. In: CONGRESSO ANUAL DA ASTD. New Orleans, junho de 2002.

BRINKERHOFF, R. *Thinking Straight About Training... and Training Evaluation.* Farmington Hills: Triad Performance Solutions, Inc., 2002.

CHAGAS, A. T. R. *Avaliação de Treinamento Industrial: A Transferência da Aprendizagem.* Dissertação (Mestrado em Administração). Orientador: Daniel Augusto Moreira. Faculdade de Economia, Administração e Contabilidade da Universidade de São Paulo – FEA/USP, São Paulo, 1998.

CHIAVENATO, I. *Como Transformar RH (de um centro de despesa) em um Centro de Lucro*. 2. ed. São Paulo: Campus, 2001.

CONGRESSO ANUAL DA AMERICAN SOCIETY FOR TRAINING AND DEVELOPMENT – ASTD. New Orleans, junho de 2002.

_____. [S.l.], junho de 2001.

_____. [S.l.], junho de 2000.

CRAIG, R. L. *The ASTD Training and Development Handbook: A Guide to Human resource Development*. 4. ed. New York: McGraw-Hill; ASTD, 1996.

CUNNINGHAM, I.; HONOLD, L. Everyone can be a coach. *HR Magazine*, v. 43, nº 8, p. 63-64, July 1998.

DAFT, R. L. *Administração*. 4. ed. Rio de Janeiro: LTC–Livros Técnicos e Científicos, 1999.

DAVENPORT, T. H.; PRUSAK, L. *Conhecimento Empresarial*. Rio de Janeiro: Campus, 1998.

DAVIDOVE, E., SCHROEDER, P. Demonstrating ROI of training (return on investment). *Training & Development*, v. 46, n. 8, p. 70-72, August 1992.

DUTRA, M. L. S. *Avaliação de treinamento: em busca de um modelo obtido*. Dissertação (Mestrado em Administração Pública). Escola de Administração Pública da Fundação Getúlio Vargas - FGV/EBAP-RJ, Rio de Janeiro, 1979.

EASTERBY-SMITH, M.; BURGOYONE, J.; ARAUJO, L. *Aprendizagem Organizacional e Organização de Aprendizagem: Desenvolvimento na Teoria e na Prática*. Tradução Sylvia Maria Azevedo Roesch. São Paulo: Atlas, 2001.

ERTHAL, T. C. *Manual de Psicometria*. Rio de Janeiro: Zahar, 1987.

FITZ-ENZ, J. *Retorno do Investimento em Capital Humano*. São Paulo: Makron Books, 2001.

_____. Top 10 calculations for your HRIS (human resource information systems). *HR Focus*, v. 75, n. 4, p.S3, April 1998.

FLEURY, A.; FLEURY, M.A.T.L. *Aprendizagem e Inovação Organizacional: As Experiências de Japão, Coréia e Brasil*. São Paulo: Atlas, 1997.

FONTES, L. B. *Manual do Treinamento na Empresa Moderna*. São Paulo: Atlas, 1986.

GIL, A. C. *Métodos e Técnicas de Pesquisa Social*. São Paulo: Atlas, 1987.

GIOIA, D. A.; PITRE, E. Multiparadigm Perspectives on Theory Building. *Academy of Management Review*, v. 15, n. 4, p. 584-602, 1990.

GREENBERG, H.; WEINSTEIN, H.; SWEENEY, P. *How to Hire and Develop Your Next Top Performer*. New York: McGraw-Hill, 2001.

GROSS, S. E. *Compensation for Teams*. New York: Amacom, 1995.

HAMBLIN, A. *Avaliação e Controle do Treinamento*. São Paulo: McGraw-Hill do Brasil, 1978.

HAMMEL, G.; PRAHALAD, C. K. *Competindo pelo Futuro: Estratégias Inovadoras para Obter o Controle do seu Setor e Criar os Mercados de Amanhã*. Rio de Janeiro: Campus, 1995.

HASSETT, J. Simplifying ROI (return on training investments). *Training*, v. 29, n. 9, p. 53-58, Sept 1992.

HILL, C. W.; JONES, G. R. *Strategic Management Theory: an Integrated Approach*. 5. ed. Boston: Houghton Mifflin Company, 2001.

HOFSTEDE, G. *Culture's Consequences: International Differences in Work-related Values*. London: Sage Publications, 1984.

KANAANE, R.; ORTIGOSO, S. A. F. *Manual de Treinamento e Desenvolvimento do Potencial Humano*. São Paulo: Atlas, 2001.

KAPLAN, R. S.; NORTON, D. P. *A Estratégia em Ação: Balanced Scorecard*. Rio de Janeiro: Campus, 1997.

KIRKPATRICK, D. L. *Evaluating Training Programs:* the Four Levels. San Francisco: Berret-Koehler Publishers, 1994.

_____. Evaluation. In; CRAIG, R. L. *The ASTD Training and Development handbook : a Guide to Human Resource Development*. 4ª ed. New York: McGraw-Hill; ASTD, 1996.

_____. *More Evaluating Training Programs: a Collection of Articles from Training and Development Journal*. Alexandria: ASTD, 1987.

LAM, A. Tacit Knowledge, Organizational Learning and Societal Institutions: an integrated framework. *Organization Studies*, May 2000.

LORD, M.; RABFT, A. L. Organizational Learning about New International Markets: exploring the internal transfer of local market knowledge. *Journal of International Business Studies*, Winter 2000.

LONGENECKER, C.; SIMONETTI, J. *Getting Results: Five Absolutes for High Performance*. San Francisco: University of Michigan Business School Management Series; Jossey-Bass, 2001.

LOURENÇO, A. G. et al. *Ganhos e perdas relacionados ao comportamento social das empresas*. XXII Encontro Nacional de Engenharia de Produção. Curitiba, PR, 23 a 25 de Outubro de 2002.

MILIONI, B. *Gestão de Treinamento por Resultados*. São Paulo: Associação Brasileira de Treinamento e Desenvolvimento, 2004.

_____. Material didático do curso *Indicadores de De sempenho em Pro - gramas de T&D*, promovido pelo Instituto de De senvolvimento Empresarial – IDEMP, no Ho tel Gu a na ba ra no Rio de Ja ne i ro, 28 e 29 de Agos to de 2002.

NADLER, L. *The Handbook of Human Resource Development*. 2. ed. New York: Wiley, 1990.

NONAKA, I.; TAKEUCHI, H. *Criação de Conhecimento na Empresa*. Rio de Janeiro: Campus, 1997.

OSTERLOH, M. A.; FREY, B. Motivation, Knowledge Transfer and Organizational Forms. *Organization Science*, 2000.

PALMEIRA, C. *ROI de Treinamento: Dicas de Como Mensurar o Resultado Financeiro de suas Ações de Treinamento*. Rio de Janeiro, Qualitymark, 2004.

PARRY, S. "Measuring Training ROI". Palestra. In: CONGRESSO ANUAL DA ASTD, New Orleans, junho de 2002.

_____. Measuring training´s ROI (return on investment). *Training & Development*, v. 50, n. 5, p. 72-76, May 1996.

PINE, J.; TINGLEY, C. ROI (return on investment) of soft–skills training. *Training*, v. 30, n. 2, p. 55-60, Feb. 1993.

PHILLIPS, J. "Training ROI". Palestra. In: CONGRESSO ANUAL DA ASTD, New Orleans, junho de 2002.

_____. *Return on Investment in Training and Performance Improvement Programs*. 2. ed. Burlington: Butterworth-Heinemann, 2003.

_____. ROI: The Search for Best Practices. *Training & Development*, v. 50, n. 2, p. 42-47, February 1996a.

_____. Was It the Training? *Training & Development*, v. 50, n. 3, p. 28-32, March 1996b.

_____. How much is the Training Worth? *Training & Development*, v. 50, n. 4, p. 20-24, April 1996c.

_____. Measuring the Results of Training. In: CRAIG, R. L. *The ASTD Training and Development Handbook: a Guide to Human Resource Development*. 4. ed. New York: McGraw-Hill; ASTD, 1996d.

_____. *Handbook of Training Evaluation and Measurement Methods*. 2. ed. Houston: Gulf Publishing Company, 1991.

PHILLIPS, J.; PULLIAM, P. *Level 5 Evaluation: Mastering ROI*. Alexandria: ASTD, 1998.

PHILLIPS, J.; PHILLIPS, P.; STONE, R.; BURKETT, H. *The ROI Fieldbook: Strategies for Implementing ROI in HR and Training*. Ed: Elsevier Butterworth-Heinemann, 2007.

PHILLIPS, J.; STONE, R.; PHILLIPS, P. *The Human Resources Scorecard: Measuring the Return on Investment*. Boston: Butterworth-Heinemann, 2001.

PHILLIPS, P. *The Bottomline on ROI: Basics, Benefits, & Barriers to Measuring Training and Performance Improvement*. Atlanta: CEP Press, 2002.

POLANYI, M. *The Tacit Dimension*. London: Routledge & Kegan Paul, 1966.

PORTER, M. E. *Vantagem Competitiva: Criando e Sustentando um Desempenho Superior*. Rio de Janeiro: Campus, 1990.

RAE, L. *Evaluating Trainer Effectiveness*. Homewood: Business One Irwin, 1993.

ROBBINS, S. P. *Comportamento Organizacional*. Tradução técnica Reynaldo Marcondes. 9. ed. São Paulo: Prentice-Hall, 2002.

ROBINSON, D. G.; ROBINSON, J. C. *Training for Impact: How to Link Training to Business Needs and Measure Results*. San Francisco: Jossey-Bass Publishers, 1989.

RUST, R. T.; ZAHORIK, A. J.; KEINIGHAM, T. L. *O Retorno na Qualidade (ROQ): Mensurando o Impacto Financeiro da sua Empresa – Questões para a Qualidade*. Rio de Janeiro: Qualitymark Editora, 1994.

SARATOGA INSTITUTE. *Human Resource Financial Report, 2000*. Relatório enviado por e-mail em 2001.

SARUBBI, A. *Desenvolvimento e Treinamento de Pessoal de Distribuição*. 10º Seminário Nacional de Distribuição de Energia Elétrica. Outubro 1988, p. 14.

SCHEIN, E. H. *Organizational Culture and Leadership: a Dynamic View.* San Francisco: Jossey-Bass, 1985.

SCHERMERHORN, J. R. Jr. *Administração.* Rio de Janeiro: LTC–Livros Técnicos e Científicos, 1999.

SENGE, P. *A Quinta Disciplina.* New York: Doubleday, 1990.

SINCICH, T. *Business Statistics by Example.* 5. ed. New York: Prentice-Hall, 1995.

SPEK, R.; SPIJKERVET, A. *Knowledge Management: Dealing Intelligently with Knowledge.* Boca Raton: CRC Press, 1997.

STILLWAGON, W. W. Cost Accounting for Training. In: CRAIG, R. L. *The ASTD Training and Development handbook: a Guide to Human Resource Development.* 4. ed. New York: McGraw-Hill; ASTD, 1996.

STONE, R. *"How much is it worth? Placing monetary values on data".* Palestra. In: CONGRESSO DA ASTD 2002, New Orleans, junho de 2002.

SVENSON, R. A.; RINDERER, M. J. *The Training and Development Strategic Plan Workbook.* New Jersey: Prentice-Hall, 1992.

SWIERCZEK, F. W.; CARMICHAEL, L. The Quantity and Quality of Evaluating Training. In: KIRKPATRICK, D. L. *More Evaluating Training Programs: a Collection of Articles from Training and Development Journal.* Alexandria: ASTD, 1987.

TEIXEIRA, M. L. M. *Utilização de Determinantes de Qualidade de Serviços para Desenvolvimento de Metodologia de Avaliação de Serviços de Treinamento.* Dissertação (Mestrado em Administração). Orientador: Paulo Cesar Motta. Instituto de Administração e Gerência – IAG / PUC-Rio, Rio de Janeiro, 1988.

TOMEI, P. *Análise Comparativa dos Programas de Treinamento e Desenvolvimento de Recursos Humanos Brasil-Estados Unidos.* Tese (Doutorado em Administração). Orientadora: Maria Teresa Leme Fleury. Faculdade de Economia e Administração da Universidade de São Paulo – FEA / USP, São Paulo, 1988.

TRACEY, W. R. *Evaluating Training and Development Systems.* S.l.: American Management Association Inc., 1968.

TRIAD PEOPLE, PERFORMANCE, RESULTS *The Success Case Evaluation Certification Process: Measuring the Business Impact and ROI of Training and Development Initiatives.* Material promocional sobre evento em 10 e 11 de Outubro de 2002, distribuído no Congresso da ASTD 2002, New Orleans, Junho de 2002.

ULRICH, D. *Os campeões de Recursos Humanos: Inovando para Obter os Melhores Resultados.* São Paulo: Futura, 1988.

VERGARA, S. C. *Projetos e Relatórios de Pesquisa em Administração.* 3. ed. São Paulo: Atlas, 2000.

WAGNER III, J. A.; HOLLENBECK, J. R. *Comportamento Organizacional: Criando Vantagem Competitiva.* São Paulo: Saraiva, 2002.

WARREN, M. W. *Training for Results: a Systems Approach to the Development of Human Resources in Industry.* Reading: Addison-Wesley Publishing Company, 1991.

Sobre a Autora:

CRISTINA GOMES PALMEIRA

Desde a 1ª edição de "ROI de Treinamento", a autora tem ministrado palestras nos principais eventos de Recursos Humanos e Treinamento pelo país. Atua na área de Treinamento desde 1995, trabalhando para empresas de petróleo, gás, serviços, varejo e indústrias, como funcionária ou consultora independente. Mestre em Administração na PUC-Rio em 2003, graduou-se com dignidade em Administração na UFRJ em 1998 e é professora de cursos de graduação e pós-graduação em Administração e Gestão de Pessoas. Foi gerente de um projeto estratégico internacional na área de Educação e Treinamento para o Setor de Petróleo e Gás, do Governo Britânico, no Brasil e do British Council, na América Latina, antes de ingressar na Petrobras, onde atua com estratégias e processos de avaliação de educação corporativa na Universidade Petrobras, desde 2006.

Outras Obras Indicadas

O Grande Livro de Jogos para Treinamento de Atendimento ao Cliente

Autor(es): Peggy Carlaw
            Vasudha Kathlenn Deming

Este não é um livro para ser lido, mas usado. Os jogos apresentados foram elaborados pelas autoras para treinamento de profissionais que lidam diretamente com o cliente, como os atendentes, vendedores, pessoal de telemarketing, representantes de suporte técnico, caixas, recepcionistas, representantes de vendas, entre outros.

Alguns dos jogos são rápidos e ideais para aumentar a consciência dos participantes a respeito de questões importantes na atividade de atendimento ao cliente. Outros são mais complexos e ensinam uma técnica que oferece aos participantes a oportunidade de testá-la em ambiente informal.

N de páginas: 228
Formato: 16 x 23 cm

Outras Obras Indicadas

Correntes Pedagógicas no Ambiente de Aprendizagem nas Organizações

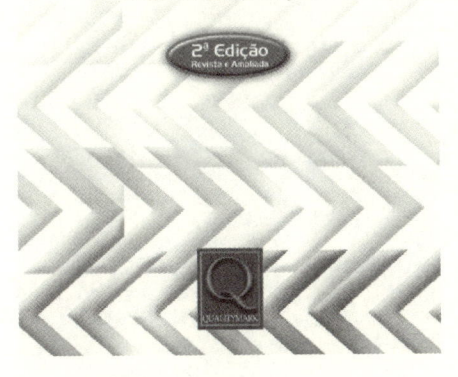

Autor: David Bomfin

Pedagogia no Treinamento, lançado em 1995, obteve uma ótima receptividade por parte do público - não necessariamente especializado. Por isso, 9 anos depois, o professor David Bomfin Ph.D. reorganiza a sua obra, nesta segunda edição, mantendo aquilo que se configurava atemporal e adicionando elementos novos, que contextualizam a obra e potencializam suas aplicações.

O livro tem como objetivo central investigar as correntes pedagógicas que orientam o profissional de treinamento, bem como as possibilidades e as limitações que as mesmas oferecem para a sua prática profissional no âmbito do treinamento empresarial.

N de páginas: 208
Formato: 16 x 23cm

QUALITYMARK EDITORA

R. Teixeira Júnior, 441
São Cristóvão
CEP: 20921-400- Rio de Janeiro - RJ

Tels.: (0XX21) 3860-8422
3295-9800
Fax: (0XX21) 3295-9824

QualityPhone
0800-0263311
Ligue Grátis

Dados técnicos

Formato	16 x 23
Mancha	12 x 19
Corpo	11
Entrelinha	13
Fonte	Myriad Pro
Total de Páginas	144
Lançamento	2009
Gráfica	Edil